Z 2284
Ztge 19

AV ROY,
ET A NOSSEIGNEVRS, de son Conseil.

SIRE,

LES MAISTRES ET GARDES de la Marchandise de Mercerie, Grosserie & Ioüaillerie de vostre Ville & Fauxbourgs de Paris, VOVS REMONSTRENT tres-humblement qu'encore qu'il soit notoire qu'ils ayent eu seuls de tout temps immemorial le pouuoir d'achepter, vendre, troquer & échanger, tant dedans que dehors vostre Royaume, mesme dans les Empires, Royaumes, Estats & Prouinces les plus éloignées, toutes sortes de marchandises sans exception, toutesfois les cinq autres Corps des Marchands & quelques Artisans ont tenté de temps en temps par toutes les voyes imaginables de les troubler en cette liberté. Mais comme leur commerce qui apporte l'abondance en France, a esté toûjours estimé l'vn des principaux moyens pour maintenir, acroistre & faire fleurir l'Estat, les Rois, Predecesseurs de vostre Majesté, reconnoissans cette verité, & notamment Charles VI. Henry II. Charles IX. Henry IV. Louys XIII. & Vostre Majesté heureusement regnante, auroient donné aux Supplians diuerses Lettres Patentes en forme de Statuts, contenans plusieurs beaux Priuileges & Ordonnances pour le Reglement & Police de leur Corps & des marchandises, manufactures, apports, ventes, reuentes & conditions d'icelles, experience & reception des personnes faisans trafic.

Au preiudice desquels les Drappiers se sont advisez dans vn temps que la Paix cimentée par la gloire des Armes de Vostre Majesté, de porter en vostre Conseil vn vieux Procez qu'ils ont abandonné en vostre Cour de Parlement, pretendans que leur jalousie & leur surprise continuelles trouueront entrée dans l'esprit de Nosseigneurs de vostre Conseil, pour fauoriser leur ambition & la passion secrete qu'ils ont de diminuer, ou faire retrancher quelque chose de la liberté indefinie que les Rois predecesseurs de Vostre Majesté ont accordé aux Supplians.

Estant quelque chose de bien estrange, que lesdits Drappiers qui se vantent d'estre à la teste du Commerce, en ayent neantmoins si peu l'esprit, que non-seulement ils agissent ouuertement contre la bonne foy qui en est l'ame, mais mesme contre la franchise & la sincerité qui en sont comme les nerfs & les principaux organes.

A

Ils ne veulent pas representer leurs anciens Statuts, quoy qu'ils les ayent entre les mains.

Ils refusent de proceder au Parlement, bien que les nouueaux dont ils se seruent, y ayent esté verifiez ; & ils alleguent pour fonder l'éuocation qu'ils demandent, vn pretendu dény de Iustice, encore qu'ils ayent eux-mesmes abandonné le Procez qui leur sert de pretexte.

Apres cela le Conseil iugera, s'il luy plaist, quel sentiment on doit auoir du droict & des intentions d'vne partie qui supprime son tiltre, qui decline ses Iuges naturels, & qui pour violer l'ordre des Iurisdictions, dans le temps mesme où le Roy employe ses plus precieux momens, à le r'establir, ose faire de sa chicane vne calomnie à ses Superieurs, en leur imposant vn dény de Iustice, aussi malicieusement inuenté qu'il est temerairement allegué.

En verité ils ne deuoient pas auoir moins de retenuë de porter à la face du Souuerain vn procedé si iniuste & si irregulier tout ensemble, qu'ils témoignent auoir de honte de monstrer leur propre tiltre, & de plaider dans vn Parlement où la pretention qu'ils renouuellent, a esté tant de fois condamnée ; car enfin si quelqu'vn desire se former vne iuste idée du procez qui est à iuger, il n'a qu'à se presenter que les demandeurs y pretendent ce qui ne leur appartient point par leurs Statuts ; ce que les Arrests du Parlement leur deffendent, & en vn mot ce que le bien public ne leur peut permettre ; au lieu que les Supplians ne resistent que pour se conseruer vne possession de plus de trois siecles, confirmée par vne infinité d'Arrests, & soûtenuë également de la police & de l'vtilité de tout le Royaume.

Mais puis que les Drappiers se sont si fort oubliez, il est necessaire de les faire r'entrer en eux-mesmes, & de pratiquer à leur égard ce que Moyse fit à l'égard des Israëlites, lesquels apres auoir goûté de la manne, oublierent les oignons d'Egypte, & ne se souuenans plus de ce qu'ils estoient lors qu'ils entrerent dans le Desert, s'abandonnerent à des entreprises ambitieuses ; ce qui obligea ce sage Capitaine de leur faire representer les chaussures qu'ils auoient lors qu'ils furent tirez de seruitude, & lesquelles il tenoit exprés en reserue pour reprimer leur vanité à la veuë de cét ancien monument de la bassesse & de l'humilité de leur origine.

Il faut donc auant toutes choses faire souuenir les demandeurs qu'ils ne sont dans leur institution que de simples Artisans qui ne peuuent deuenir ce qu'ils veulent estre, sans renuerser les plus solides fondemens de la police & de la discipline du Commerce ; & ensuite apres en auoir fait le paralelle & la comparaison auec l'employ & la fonction des Supplians, l'on répondra article par article à tous les moyens, ou plustost à toutes les cauillations dont ils ont remply leur grand Memoire.

En l'année 1188. les demandeurs furent establis dans cette Ville sous le tiltre de Drappiers drappans, en vne ruë qu'on apelle de leur nom ruë de la Vieille Drapperie.

Leur vnique employ consistoit à fabriquer & debiter les Draps, sans neantmoins qu'ils en pussent vendre d'autres que de leur façon, ainsi qu'il resulte des Statuts qui leur furent accordez en cette mesme année, & qu'ils suppriment aujourd'huy, quoy qu'ils soient en leur possession, parce qu'ils establissent cette verité qui confond leur entreprise, & renuerse tout le projet de leurs vastes & iniustes desseins.

Ils auoient sous eux vn grand nombre de seruiteurs & d'ouuriers, qui pour la plusspart estoient gens si petulans, qu'à cause de leurs frequentes querelles & des meurtres qui se commettoient entr'eux dans le quartier, firent appeller vne ruë où ils trauailloient aussi ruë de la Mortellerie ; ce qui apparemment donna lieu de transferer la fabrique dans les Prouinces de Normandie & de Berry.

Il seroit difficile de trouuer dans ce principe & dans ce progrez dequoy flatter l'ambition des Marchands Drappiers, lesquels ne peuuent denier sans desadvoüer leur propre origine, qu'ils ne soient Artisans d'institution, & que par leurs propres Statuts tout le Commerce ne se renferme dans le seul debit de leur Fabrique.

Il est vray que depuis la translation de leur manufacture, Vostre Majesté a eu la bonté & leur a fait cette grace de permettre qu'ils pussent vendre dans Paris les mesmes draps qu'ils fabriquoient autresfois de leurs mains, c'est à dire des draps de Normandie & Berry ; mais sous ce temperamment & cette modification neantmoins que tous ceux qui entreroient dans leurs Corps seroient tenus de faire chef-d'œuvre, de crainte qu'ils n'oubliassent leur origine d'Artisans, & qu'ils ne s'en fissent accroire dans la suite des temps.

Et de vray, quelque peine qu'ils prennent aujourd'huy de supprimer leurs anciens Statuts, pour effacer ce caractere de leur condition, ils ne peuvent pas dénier que presentement encore l'on ne fasse chef-d'œuvre parmy eux, & que les Chaussetiers qui leur sont incorporez ne soient de veritables & effectifs Artisans, qui font & vendent des bas de drap; de sorte que s'ils se trouvent à la teste des six Corps des Marchands, ainsi qu'ils le repetent si souvent, ils ne doivent point s'en faire un sujet d'orgueil, ny entrer en vanité là-dessus. Car ce n'est ny parceque leur fonction soit plus noble, ny la matiere qu'ils debitent plus precieuse, ny le service qu'ils rendent au public plus utile, ny les idées & l'objet de leur negoce plus glorieux & plus estendu; mais seulement parce qu'ils sont les plus anciens & les premiers en datte de tous les Artisans qui ayent esté erigez en Corps dans la Capitalle du Royaume: En effet, si l'on consideroit la fonction, il n'est pas plus noble de faire & de vendre des chausses, que travailler un beau chef-d'œuvre d'or ou d'argenterie; Si la matiere, celle de l'Orfévrerie est absolument plus precieuse que de la mere-laine, qui est la matiere des Draps; Si l'utilité dans le public, la Drapperie ne peut pas estre comparée à l'Apotiquairerie: Et si enfin l'objet & l'idée de l'employ, les Drappiers qui à peine peuvent entrer en concurrance avec les Merciers, qui frequentent toutes les parties du monde, & en rapportent bien souvent des richesses inestimables pour l'Estat, apres qu'ils ont essuyé toute la fatigue des longues courses, & tous les perils de la mer.

Aussi est-il certain que toutes les fois que les Marchands Drappiers ont voulu entreprendre de vendre autre chose que des Draps de leur façon, ils ont esté reprimez par les Arrests du Parlement, qui seront expliquez en répondant aux articles de leur grand & ennuyeux memoire; c'est pourquoy ils apprehendent si fort d'y retourner: Et comme ils esperoient qu'en changeant de Iuges leur cause changeroit de raison, ils proposent des dénis de Iustice imaginaires, pour donner couleur à une évocation que toutes les Ordonnances condamnent, puisqu'on n'allegue ny parenté ny alliance, & que la verité ne peut souffrir, ayant pour pretexte un déni de Iustice, qui est un mensonge évident, & une calomnie sans exemple; Mais afin qu'on soit plus facilement persuadé de la justice des Arrests qui ont esté rendus contre les demandeurs, il est necessaire d'establir aussi en cét endroit l'origine des Marchands Merciers, & les advantages que le public en reçoit; Car par la conference & la comparaison qui se fera de ces deux Corps, on connoistra facilement, que si les choses estoient encore à regler, celuy des Merciers meriteroit infiniment plus de faveur & de consideration que l'autre, soit à cause des inventions & des manufactures qu'il establit tous les jours en France, soit à raison de l'or & de l'argent qu'il y fait entrer par son commerce, & de l'abondance qu'il y amene, des plus rares curiositez, des plus riches ouvrages, & des plus precieuses marchandises de toutes les parties du monde.

Apres que la Police eût reglé la pluspart des Corps des Marchands, & prescrit des regles aux Artisans pour contenir chacun dans son devoir, & dans ses fonctions legitimes, on reconnut deux grands inconveniens pour le public; l'vn, que les Marchands & les Artisans estoient les maistres absolus de donner tel prix qu'il leur plaisoit à leurs danrées & ouvrages, parce qu'ils estoient les seuls qui les pouvoient faire & debiter; & l'autre, qu'il y auroit toûjours sterilité de ces choses, tandis que le public ne s'en pourroit pas fournir dans les païs estrangers; C'est pourquoy pour procurer l'abondance dans cette Ville de Paris, il fut proposé de faire un Corps particulier de Marchands qui eussent la liberté de vendre de toutes sortes de Marchandises & d'ouvrages, & d'en faire venir des païs estrangers à leur volonté, pourveu toutesfois qu'ils ne pûssent fabriquer ou travailler aux ouvrages de leurs mains, ny de celles de leurs serviteurs, mais seulement les orner & enjoliver; ce qui parut d'abord infiniment specieux, parce qu'asseurement c'estoit le veritable moyen d'introduire l'abondance, & de remplir le Royaume des richesses & des curiositez de toutes les autres nations; & neantmoins comme les plus belles propositions ne sont pas toûjours

A ij

les plus solides, & que souvent les premieres apparences trompent, & facinnent le jugement aussi bien que les yeux, l'ouverture proposée fut communiquée aux Officiers du Chastelet, & deliberée avec toute la religion necessaire dans l'Hostel de Ville; où enfin apres une parfaite discution de toutes choses, elle fut unanimement agreé; & l'on resolut sous le bon plaisir du Roy, que ce Corps seroit qualifié le Corps de la Mercerie, parce que ce Mot s'estend & s'applique universellement sur toutes sortes de marchandises & d'ouvrages indistinctement, ainsi que celuy de *Merx* en Latin, en comprend aussi toutes les especes.

Ce fut sur ce plan que l'on traça des Statuts pour ce Corps en l'année 1407. sous le Roy Charles VI. dans lesquels on leur donne une liberté & commerce la plus entiere & la plus universelle qui pût estre imaginée, jusques-là qu'on leur permet de transporter dans les païs estrangers, & d'y faire toutes sortes d'achapts, troques & d'eschanges, pour rapporter en France d'autres effets des païs estrangers en retour de ceux qu'ils y avoient portez.

Il est aisé de juger combien ces Status exciterent dessors d'envie & de jalouzie contre les Marchands Merciers, puisqu'il sembloit que cette nouvelle creation fust une quintessence de toutes les autres, & une espece de censure establie sur tous les Arts & sur tous les Mestiers, non point par superioté, mais par emulation; aussi la contradiction fut-elle extrême de la part de toutes ces personnes interessées, qui craignoient que l'abondance ne dépreciât & mit au rabais leurs ouvrages: témoin la Declaration de l'an 1412. contre les Gantiers, Bourciers, Tassiers, Courroyeurs, Aumussiers, Coustelliers, Gaigniers, Eguilletiers, Epingliers, Imagers, Eproniers, & Lormiers, Lesquels suscitez par les Drappiers drappans avoient fait des entreprises sur les Merciers, pour les empescher de debiter de toutes ces sortes d'ouvrages, & tenoit encore le renouvellement qui fut fait de leurs nouveaux Statuts en l'année 1567. sous le Roy Charles IX. lesquels ont esté enregistrez aux Parlement, Chambre des Comptes, Cour des Aydes & Hostel de Ville de Paris, & publiez à son de trompe par tous les carrefours & lieux publics de cette Ville; Au prejudice dequoy ayans encore esté troublez dans la liberté de leur negoce, survint une troisiéme Declaration de l'année 1570. par laquelle les Marchands Merciers furent affranchis des visites de tous les Maistres & Gardes & Iurez des autres Corps & Mestiers, sous cette modification, neantmoins qui fut apportée par l'Arrest d'enregistrement sur l'opposition des Maistres & Gardes de l'Apotiquairerie, que les marchandises & drogues entrans au corps humain seroient veuës & visitées en presence du Doyen, & de deux Docteurs de la Faculté de Medecine, par deux Maistres & Gardes Merciers, & deux Maistres Iurez Apotiquaires : Si bien qu'on ne peut rien imaginer de plus authentique que le droit des Supplians, soit aux termes de ces anciennes Declarations, soit mesme par celles du Roy Henry IV. de l'année 1601. du Roy Loüis XIII. de l'année 1613. & de Vostre Majesté de l'année 1645. qui sont autant de renouvellemens & d'explications des Statuts accordez au Corps de la Mercerie, en des termes si clairs, particulierement dans la Declaration de 1613. qu'on ne sçauroit assez s'estonner de l'aveuglement des demandeurs, lors qu'ils taschent de donner atteinte à des titres si solemnels, & à une possession si puissante.

Mais pour faire voir que l'on ne s'est pas trompé dans les grandes esperances que l'on avoit conceuës dés l'année 1407. du Corps de la Mercerie, il n'est pas inutile de representer icy que ce Corps soustient tout le commerce des païs estrangers, & qu'il n'y a point de partie du monde qui soit connuë qu'il n'ait penétrée pour y porter le negoce de la France. Ce sont eux qui les premiers ont entrepris les voyages des Indes Orientales, où ils furent si favorablement accueillis des Roys de Bantha, de Iava, de Soumatra & Achin, que les Hollandois en conceurent une telle jalouzie, qu'ils mirent le feu dans l'un de nos vaisseaux prest à faire voile pour retourner en France, richement chargé de toutes sortes de marchandises.

Ce sont eux qui portent tout le superflu de la France presque dans toutes les parties de l'Vnivers, & qui par les troques & les eschanges qu'ils y font, rapportent les pierres precieuses pour meubler les Cabinets des Roys, des lingots d'or & d'argent pour le rendre plus familier en France, que dans les lieux mesmes à qui la nature en a donné les mines ; & en un mot, ce qu'il y a de plus exquis dans toutes les parties du monde : aussi qu'ils font plus de debit mille fois de toutes sortes de manufactures Françoises que tous les autres Corps de Paris.

Et ce sont eux enfin, qui par leur application & leur industrie ont découvert le secret des manufactures estrangeres pour les establir dans le Royaume, & les y faire fleurir avec plus d'avantage que dans le lieu de leur origine.

En effet, à qui doit-on la manufacture des Draps façons d'Espagne, d'Angleterre & d'Hollande, en France, sinon à l'industrie & à l'experience des sieurs Cadeau, Bins, & de Marseille qui l'ont establie a Sedan, & ailleurs, apres en auoir pris les premieres notions dans les païs estrangers ?

A qui doit-on la Manufacture des Raps de Chaalons, au lieu de Raps de Milan, la fabrique des Serges d'Aumale & d'Amiens, qu'au sieur Antoine But, & à plusieurs autres du Corps des Merciers.

Il est de notorieté publique, que les sieurs le Brun & Chauvin, sont autheurs en France de la fabrique des Tapisseries d'Elbeuf, dont ils avoient appris le secret à Bergame en Italie.

Le sieur Lourdet des Tapis façon de Turquie, le sieur Indret des bas de soye façon d'Angleterre, & les sieurs Pauquelin & Iousset des glaces façon de Venise, qui sont tous Marchands Merciers; En un mot, la Mercerie à laquelle est deuë l'invention en France des Brocards & Brocatelles façon de Venise & de Milan, & de toutes les belles Manufactures du Royaume, porte le commerce si avant dans le monde, & le fruit de ses travaux est si glorieux & si utile tout ensemble pour le public, qu'en la seule année 1661. il arriva à S. Malo & à Roüen une somme immense de unze millions de livres d'argent effectifs en retour d'ouvrages & de marchandises de Mercerie, debitez presque dans tous les cantons de la terre ; & dans cette partie une seule famille du Corps de la Mercerie y estoit interessée pour trois millions qu'elle receut en retour.

D'ailleurs peut-on obmettre l'affection avec laquelle plusieurs particuliers du Corps des Marchands Merciers se sont engagez dans les Compagnies nouvelles des Indes Orientales & Occidentales, & d'une infinité d'autres lieux, puis que l'on en compte jusques à douze tant Syndics que Directeurs dans la seule Compagnie d'Orient, qui sont les sieurs Paucquelin, Cadeau, de Faverolles, Samson, Simonet, le Brun, de Faye, Bachelier, Pignes, Desmartins, Chanlatte & Langlois.

Il seroit trop-long d'exposer icy en destail tout le fruit & les advantages que produit le Corps de la Mercerie dans le public, c'est assez de dire que tout l'honneur & toute la gloire que le commerce a merité dans l'antiquité, ne s'est estably que sur les mesmes travaux & les mesmes entreprises qui occupent aujourd'huy ceux qui professent la Mercerie ; Car on ne croira pas facilement que ce soit de ces Marchands Casaniers qui ne quittent point leurs foyers, ny le sein de leurs familles, que l'Orateur Romain ait entendu parler, lors qu'il a tant venté les obligations que le public avoit au commerce, qui forçoit toutes les digues & les barrieres de la Nature, & affrontoit tous les hazards de la terre & de la mer, pour faire que les parties du monde les plus éloignées s'entre-communiquent respectivement leurs besoins, & que la fecondité du Negoce portât la fertilité & l'abondance des choses dans les climats, mesmes où le Soleil ne les avoit pû produire, ny la terre les engendrer.

Ainsi, que les Marchands Drappiers s'abstiennent de repeter si souvent que leur Corps est le premier des six Corps de Paris ?

S'il estoit question d'une marche, on leur cederoit volontiers le pas, puis qu'ils ont le Priuilege de l'antiquité ; mais ils veulent vn honneur solide ? Qu'ils marquent les voyages de long cours, ausquels ils s'exposent pour fournir l'estat de ses besoins ? Qu'ils expliquent leurs correspondances auec toutes les parties du Monde ? Qu'ils representent la Liste & le nombre des Manufactures étrangeres qu'ils ont établies en France ? Et qu'ils nomment les Ports ou les Havres où sont leurs Vaisseaux ? Mais comment le pourroient-ils faire, puisque leur vnique déduit consiste à vendre leurs Draps dans leurs boutiques, à tailler & coudre des chausses, & que tous les hazards qu'ils courrent sont renfermez sous les toits & aux foyers de leurs maisons, excepté toutesfois ceux des voyages de Normandie & Berry, qui sont les plus longues courses de leur Negoce, & où se font les Draps qu'ils fabriquoient autres-fois ; & l'on peut dire sans exageration que tout le profit & tout l'avantage de leur trafic se termine & se renferme en eux-mesmes, puis qu'ils ne déchargent le Royaume d'aucune des Marchandises qui y sur-abondent, & qu'ils n'y en font aussi entrer aucunes de celles qui luy sont necessaires, ny les matieres propres à les faire.

 Cependant, il est étrange de voir que ces personnes, faute de se connoistre, ayent conceu vne si haute opinion de leur ministere dans le Public, qu'ils veulent aujourd'huy que l'on renuerse pour l'amour d'eux vn établissement de plus de trois siecles, & les Priuileges d'vn Corps qui meriteroit de son vtilité & de ses trauaux qu'on les luy donnât s'il ne les auoit point.

 Le Conseil jugera s'il y auroit quelque apparence que les Marchands Merciers eussent le soin de faire venir les laines & les fils des Païs étrangers, & établir les Fabriques dans le Royaume, & qu'apres qu'ils en auroient eu toute la peine & couru tous les risques, il n'y eust que les seuls Marchands Drapiers qui pussent en vendre les étoffes ; c'est à dire en recüillir tout le profit sans sortir de leurs maisons, ny risquer, quoy que ce soit.

 Il jugera aussi de quelle consequence il seroit, que les Marchands Merciers eussent étably des Manufactures en plusieurs lieux, par exemple à Reims, Chaalons, Sedan, Roüen, Aumalle, Amiens, Nismes & Carcassonne, & autres lieux, & que neanmoins il ny eût que les Drapiers qui en pussent vendre les Serges ; certes, outre que la justice naturelle resiste à cette proposition ; on peut dire auec verité, que ce seroit la ruïne d'vne infinité de Manufactures, & mesmes d'vn grand nombre de pauvres Artisans, qui souuent se trouveroient en vne extreme necessité, auec beaucoup d'ouvrages entre leurs mains, s'ils ne rencontroient du secours dans le Corps de la Mercerie, parce qu'en n'ayans pas toûjours le debit aussi prompt qu'il leur seroit necessaire; ils les portent aux Marchands Merciers, qui par leurs grandes correspondances les enuoyent dans les Païs étrangers, soit en troc, en échange ou autrement, & en payent le prix comptant aux Ouvriers, si bien que tout Artisant qui veut trauailler est asseuré que son trauail ne luy demeure point inutil.

 C'est en partie sur ces raisons que les Arrests ont toûjours maintenu les Merciers dans toute l'étenduë de leurs Statuts, les autres seront expliquées plus particulierement en répondant au memoire des Drapiers ; l'on adjoûtera seulement pour fermer cette premiere partie de la defense des Marchands Merciers, que si le pretexte que lesdits Drapiers prennent pour se faire attribuer priuatiuement aux defendeurs le debit des Etoffes & Serges mentionnées en leur Requeste, estoit receuable, il n'y auroit qu'à fermer les boutiques de tous les Merciers ; car comme ils n'alleguent point d'autre raison, sinon qu'entre de la laine dont on fait les Draps dans toutes ces étoffes, il n'y a presque point de Marchands ny d'Artisans qui ne pussent à la faueur de ce mesme pretexte dépoüiller le Mercier de ce qu'il debite de sa Marchandise ou de son Art : Par exemple, l'Orphévre dira qu'il entre de l'or & de l'argent dans vne infinité de petits ouurages que la Mercerie debite : L'Espicier se plaindra qu'il vend du Sucre & d'autres drogues d'Espiceries : Le Pelletier des Manchons & des Bonnets fourrez : Les Couteliers des Couteaux : Les Epronniers des Eprons : Les Epingliers des Epingles : Les Serruriers des Serrures, & ainsi de tous les autres ; tellement que ce seroit le dernier bouluersement dans la Police, & la discipline des Arts & des Métiers, si vne proposition aussi bizarre, pour ne pas dire extrauagante, que l'est celle des Drapiers, pouuoit estre suiuie de quelque succez fauorable.

 A CES CAVSES, SIRE, plaira à Vostre Majesté debouter les Drappiers de leur nouuelle tentatiue, demandes, fins & conclusions, leur faisant deffences de plus troubler & empescher les Supplians dans la liberté indefinie qui leur a esté donnée depuis tant de siecles, & confirmée par les Roys vos Predecesseurs, & par Vostre Majesté mesme, de vendre de toutes sortes de marchandises, comme estans les seuls Marchands generaux, & le soustien du Commerce, qui produisent l'abondance dans vostre Royaume, à peine de trois mil livres d'amende, despens, dommages & interests ; Et les Supplians qui representent tout ce grand Corps, composé de plus de deux mil Marchands, continuëront leurs prieres à Dieu pour vostre longue prosperité & santé. Signé LVCAS.

MEMOIRE
A NOSSEIGNEVRS du Conseil du Roy.

POVR les Maistres & Gardes des Marchands Drapiers & Chaussetiers de la Ville de Paris.

REPONSE
AV PRESENT MEMOIRE.

POVR les Maistres & Gardes des Marchands Merciers de la Ville de Paris.

I.

ES Marchands Drapiers & Chaussetiers de la Ville de Paris, ont seuls le pouvoir d'achepter, faire venir, vendre en gros ou en détail en la Ville & Faux-bourgs de Paris, toutes les Marchandises de laine ou de poil, ou partie laine, ou poil, & partie de soye en fleuret, ou fil, ou autres choses, tant en France, qu'aux Païs étrangers, sous quelques noms qu'elles puissent estre comprises; Sçauoir Draps, Serges, Estamez, Ratines, Frizes, Revèches, Ratines, Bayettes, Crezez, Camelots, Baracans, Droguets, Razes, Sergettes, Estamines & autres Marchandises de Draperies & de Manufactures de quelque qualité de laine ou de poil que ce soit.

I.

LES Statuts tant anciens que nouveaux du Corps de la Mercerie, justifient le contraire, & l'on ne croira pas que les Marchands Drapiers en eussent souffert la vérification dans toutes les Compagnies, & la Publication par tous les Carrefours, sans opposition, s'ils eussent crû auoir droit d'en former, joint que la possession de plus de trois siecles est formellement contre cette pretention, qui mesme se trouve auoir esté condamnée par diuers Arrests du Parlement & de la Cour des Aydes, qui sont dans le sac des Maistres & Gardes de la Mercerie, lesquels ont iugé que toutes Marchandises de laine seiche ou de fil estoient Merceries, & en cette qualité franches du droit de sol pour liure, nonobstant qu'elles soient meslées de soye ou de fleuret.

On adjouste ce qui a esté touché sur la fin de la premiere partie de la defense des Marchands Merciers, contenuë en leur Requeste, à sçauoir que si sous pretexte qu'il se trouvera de la laine dans vn Ouvrage, il deuoit estre reputé Drapperie, les Marchands Merciers seroient absolument détruits, par ce que sur le pied de cette proposition chaque Corps reuendiqueroit aussi toutes les Marchandises dans lesquels il seroit entré quelque chose de sa matiere, & ainsi la Mercerie abolie.

Au reste la proposition des Drappiers est si bizarre & si vaste, qu'elle ne conclut que des paradoxes éuidens; car à leur compte il faut leur permettre de vendre des Tapisseries, des Tapis de Turquie & de Sauonerie, des Bas d'estames, des Chapeaux & vne infinité d'autres choses de cette qualité, où il entre du poil & de la laine, tellement que si on les en croit, ils seront tout ensemble Drappiers Drappans, Chaussetiers, Chapeliers, Tapissiers, & en vn mot vn indiuidu vague, dont on ne connoist point l'espece, puis qu'il n'y a rien de semblable dans leurs anciens Statuts, & au contraire qu'ils sont directement opposez à cette pretention : ce qui est cause qu'ils n'osent les faire voir ny mesmes les copies collationnées qui ont esté attachées sous le contrescel de la Declaration du 15. qui contient vn renouuellement de leurs pretendus Statuts.

I.

Ce droit leur est attribué par leurs Statuts & leur a esté confirmé iusques à present, il est fondé sur l'équité naturelle & legale, & ne leur peut estre contesté sans iniustice, par ceux qui pretendent y faire déroger, dont l'entreprise doit passer pour vne veritable vsurpation, qui a esté le suiet d'vn grand nombre de procés commencez il y a pres de quarante années, & qui sont encores indecis, dans la poursuite desquels ils ont iusques à present consommé inutilement de grandes sommes d'argent, qui seront les causes funestes de leur ruine totale s'ils auoient de plus longues suittes.

II.

C'est vne supposition de dire que ce droit leur soit attribué par leurs Statuts, puisque la seule lecture en conuainc la fausseté ; la verité estant que dans leur origine & par les anciens Statuts qu'ils suppriment, ils ne pouuoient vendre que des Draps qu'ils apprestoient & fabriquoient, & que depuis la translation de leur Manufacture en Berry & en Normandie, ils n'ont eu droit de debiter que des Draps de la façon de ceux qu'ils fabriquoient autrefois, & les Etoffes composées de mere laine ; c'est à dire de laine grasse ; toutes les autres qui sont de laine seiche, de fil, de fleuret ou de soye simple ou meslée, ayans esté iugées Merceries, & non point Drapperie.

Quant à ce qu'ils disent qu'ils ont nombre de procez au Parlement, sur lesquels on leur dénie iustice, c'est vne temerité insuportable ; car il n'y en a qu'vn seul au rapport de Monsieur de Refuge, lequel est en estat il y a plus de quinze années, & que les demandeurs ont abandonné dans la connoissance qu'ils ont de n'y pouuoir reüssir, si bien qu'il n'y a (sauf correction du Conseil) aucune apparence à l'éuocation qui est demandée, d'autant moins qu'il s'agit d'vn fait de Police, qui est de la Iurisdiction naturelle du Parlement, de l'execution des Statuts qui luy ont esté adressez, & dont il a fait la verification.

III.

C'est sans doute le motif qui a excité le Roy à nommer depuis peu de son propre mouuement, des Commissaires de son Conseil, pour examiner les Statuts des Six Corps des Marchands de Paris, & arrester le cours des abus qui s'y sont insensiblement glissez.

III.

Les defendeurs n'ont point eu iusques à present connoissance d'aucune nomination qui ait esté faite de Messieurs les Commissaires, & s'il y en a eu quelqu'vne à leur insceu, ce ne peut auoir esté que sur le faux exposé de ce pretendu dény de Iustice, faussement & temerairement allegué ; car s'il est certain par toutes les Ordonnances & constant dans l'vsage, que pour fonder vne éuocation, il faut auoir vn suiet legitime de recuser tout le Corps de la Compagnie, ou cotter des parentés & alliances au degré de l'Ordonnance, ce que les demandeurs ne font point, & ce qui leur seroit mesme inutile de faire, quand ils le pourroient, par ce que les procez de Police ou de Communautés ne sont point éuocables, qui est vne double raison cessant toutes les autres, pour faire voir que l'éuocation pretenduë est contre tous les principes, & sans aucune apparence.

IV.

Et c'est dans ce mesme esprit que les Marchands Drappiers & Chaussetiers,

IV.

On a fait voir dans la premiere partie de la defense qu'ils se flattent mal à propos du rang *dont le Corps est à la teste de tous les autres, qui est le plus ancien & le plus vtile au Royaume, esperant dans la discution qui sera faite de leurs Statuts, droits, raisons & moyens, que l'on rendra à vn chacun ce qui luy appartient, & que le trafic des vns & des autres sera r'enfermé dans les bornes qui leur sont prescrites par leurs qualités differentes, dont la denomination indique d'abord les Marchandises qui doiuent faire l'application de leur commerce.*

que l'antiquité leur a donné parmy les Six Corps, & que le Public ne reçoit aucun aduantage de leur commerce, dont tout le fruit se termine en eux-mesmes, estans personnes qui pour la plufpart ne sortent point de leurs boutiques que pour aller a la Halle aux Draps achepter des Drapperies, que des pauvres Ouvriers y ont apportées, dont ils font le prix, l'aunage & la taxe pour leur benefice, & dont il n'y en a aucun de Soixante qu'ils font, qui puisse marquer correspondance de commerce hors le Royaume, puisque mesmes ils sont restraints à ne pouvoir debiter que les Marchandises de leur façon, au lieu que les Marchands Merciers qui se trouvent plus de deux mil dans cette Ville (ce qu'il plaira au Conseil d'obseruer) ont des liaisons de negoce presque dans toutes les parties du Monde, ainsi qu'il a esté cy-dessus expliqué.

Quant à ce que les Drappiers disent que la seule dénomination des Corps fait assez connoistre quelles sont les bornes & l'estenduë de leur commerce, on en demeure d'accord, & c'est pour cela que le mot de Mercerie estant vn mot generic, qui se répand dans toutes les especes de Marchandises, aussi bien en François comme celuy de *Merx* en Latin; il faut demeurer d'accord que l'employ des Merciers est de debiter de toutes sortes de Marchandises, au lieu que le terme de Drappier Drappans & Chaussetier de Drap, ne se pouvant appliquer vniquement qu'aux Draps & Chausses de leur façon, & non pas à des Chapeaux, à des Bas d'estames, à des Tapisseries, Ferrandines & autres choses semblables, il faut reserrer les demandeurs dans les bornes que leur nom mesme leur a prescript, & qu'ils ne peuvent transgresser sans violer les Loix du commerce & la possession de tous les siecles passez, aussi bien que la Police & la discipline du negoce.

V.

Autrement si les Six Corps des Marchands qui sont entierement distincts, auoient la liberté indefinie de faire vn mesme trafic, ce seroit vn Corps de six testes, dont les membres independans les vns des autres, ne s'occuperoient plus qu'à se détruire, au lieu que suiuant les Regles de la nature, qui sont toûjours les plus certaines, ils doiuent contribuer à la conseruation de leur chef, & se renfermer dans leur fonction particuliere sans iamais s'en éloigner.

V.

La Morale des demandeurs est admirable sur ce chef, & ce seroit la plus sage de toutes les conduites, s'ils agissoient comme ils parlent; mais le Conseil voit combien ils s'en éloignent, lors que contre la Loy de leur propre establissement qu'ils suppriment, ils veulent faire des fonctions de la Mercerie & détruire vn Corps, que l'on peut dire estre l'ame aussi bien que l'honneur du commerce, par les considerations qui en ont esté cy-deuant touchées.

Au surplus, on ne comprend pas trop ce qu'ils veulent dire, lors qu'ils alleguent que le commerce seroit vn Corps à six testes, si les Corps qui le composent pouvoient entreprendre les vns sur les autres; car pourquoy ne feindre qu'vn Corps, puis qu'il y en a Six; & d'où vient qu'ils parlent de six testes, veu qu'il n'y en a qu'vne qui est la leur, si on les en croit, n'est-ce pas prendre plaisir à faire des Hydres & former des Monstres; mais enfin, puisque cela leur plaist, ils trouveront bon qu'on les fasse resouvenir de la fable qui produisit vn jour vn effet si vtile & si merueilleux sur le Mont Auantein de Rome, lors qu'vn pere conscrit pour reconcilier la populace auec leurs superieurs, composa de tout le Public vn Corps duquel le Senat estoit la teste, & les autres parties de la Republique les membres, entre lesquels il montra qu'il y auoit vne liaison si intime, que la teste qui regnoit sur tous par l'esprit & la raison, dépendoit aussi de tous pour sa vie naturelle, par ce que si le cœur,

B

le foix & le ventre ne trauailloient à la nourrir, elle tomberoit toute la premiere, leur donnant à connoistre par cette espece d'embléme, que tous les êtres phisiques ne pouuoient subsister qu'en faisant chacun leurs fonctions naturelles, & les Moraux en demeurant dans la Sphere de leur creation.

V I.

Mais cet Ordre doit toûjours estre inuiolable dans la Capitale du Royaume, la plus grande & la plus nombreuse de tout l'vniuers, regie par vn si puissant Monarque, & par de si sages conseils, qui depuis la Paix ont donné leur principale application à l'establissement & augmentation du commerce, par ce qu'en effet c'est le plus solide fondement des Estats les plus puissans, autrement l'on y verroit la confusion & les meslanges que la necessité force de souffrir dans les Villes & Republiques où les Loix sont impuissantes & la Police inconnuë.

V I I.

Et l'execution en sera d'autant plus facile que des Six Corps des Marchands il n'y a que le Corps des Marchands Merciers Joüailliers, qui entreprennent sur les Cinq autres Corps: & c'est auec tant d'injustice, qu'encore sous le nom de Mercerie ils comprennent plus de quatre cens sortes de Marchandises qu'ils peuuent vendre qui ne leur sont point enuiées, & desquelles on pourroit encore former Six autres Corps nouueaux aussi forts & aussi puissans que les anciens, ils pretendent neantmoins y enuelopper encore toutes les Marchandises de Draperie & autres, dont l'on fait des apprentissages & des chef-d'œuures, & autres Corps qui ont des Statuts particuliers & des Loix certaines qu'ils obseruent auec autant de rigueur qu'elles sont inconnuës aux Marchands Merciers, desquelles les Marchands Drappiers demandent à present la confirmation, afin qu'elles ne puissent plus estre violées à l'aduenir.

V I I I.

La Drapperie est si vtile au Genre

VI.

Tout le monde sçait que Paris est la Capitale du Royaume, la plus grande & la plus nombreuse Ville de l'vniuers, regie par le plus grand Monarque du monde, & par de tressages conseils qui ont donné leur principale application à l'establissement & augmentation du commerce, comme estant le fondement des Estats les plus puissans; & c'est pour cela mesme que nos Roys y ont institué le Corps de la Mercerie, & que sa Majesté heureusement regnante, a establi le negoce des Indes, & choisi dans le Corps de la Mercerie des Directeurs les plus capables, pour l'accroissement duquel ils donnent tous leurs soins, auec tel succez qu'elle leur a fait l'honneur de temoigner qu'elle estoit tres-satisfaite de leur conduite & de leur capacité.

VII.

Les quatre autres Corps ne se plaignent pas, & neantmoins les Drappiers parlent pour tous, tant ils sont pleints de charité; mais le langage qu'ils tiennent a esté tant de fois condamné, qu'ils deuroient auoir quelque pudeur de renouueller si souuent vne entreprise qui leur a si mal reüssi; car apres tout, n'est-ce pas vne chose extrémement ridicule, de dire que la Mercerie se mesle de la fonction des autres Corps, puis qu'elle n'a esté establie que pour le faire, & qu'elle n'entreprend rien que ce qui luy est acquis par des Statuts & par vne possession de plus de trois siecles?

VIII.

Si la Drapperie est vtile aux hommes, & que

humain, particulierement dans l'Europe, qu'elle est presque aussi necessaire que les viures, par ce que les injures du temps sont quelques fois plus difficiles à souffrir que la faim & la soif, & c'est le negoce des Marchands Drappiers l'abondance & le luxe; ont inuenté d'autres Etoffes faites d'or, d'argent ou de soye, que l'on appelle Draps d'or, d'argent & Draps de soye pour faire des habits & des meubles precieux, & c'est le trafic des Marchands Merciers.

par cette raison il y ait lieu de luy accorder ce qui ne luy appartient pas, l'Agriculture, la Pharmatie, & tant d'autres Arts, dont le Genre humain ne sçauroit presque se passer, n'ont qu'à former toutes les pretentions qu'il leur plaira; Mais enfin la Mercerie qui comprend la Drapperie, & toutes les autres especes de Marchandises & d'Ouvrages, l'est encore beaucoup d'auantage, soit pour la propre personne du Roy, soit pour l'Estat, soit pour les Peuples, soit enfin pour tout le monde, à cause de l'abondance que l'esprit de ce Corps amene en France, tant d'or & d'argent, dont il y a plus (quoy qu'il n'y en ait point de mine) qu'en pas vn autre Royaume, que de toutes autres sortes de Marchandises seruans à l'vtilité publique, qui est le beau secret du Marchand Mercier qui ne passe pas aux Cinq autres Corps, lesquels sont mixtes, estans Marchands & Artisans, qui est la difference qu'il y a entre eux & le Mercier, les premiers ayans la liberté de trauailler, & l'autre non.

IX.

Il seroit facile de rapporter les Loix anciennes & municipales des Estats les mieux reglés, pour faire voir qu'elles subsistent auec vigueur & leurs propres forces, tout autant que le luxe en a esté banny, & qu'ils n'en ont veu le declin que quand cette corruption du corps & de l'esprit s'y est insensiblement glissee; mais les Marchands Drappiers laissent ces reflections politiques à faire à ceux qui en ont toutes les lumieres, & ils veulent bien que les Marchands Merciers fassent leur trafic dans toute son estenduë; Mais aussi il est juste que ce soit sans rien entreprendre sur les Marchandises de Drapperie qui ne sont point de leur negoce, qui ne l'ont iamais esté & qui ne le peuvent estre.

IX.

Il semble que les Drappiers ayent intention de faire des Loix somptuaires tant ils parlent bien du luxe & des desordres qu'il cause dans les Estats; mais jugeans bien que l'application ne s'en peut faire au sujet qui se traite, ils ne demeurent pas longtemps dans cette humeur austere, & se radoucissent, en disant de bonne grace qu'ils veulent bien que les Marchands Merciers fassent leur trafic dans toute son étenduë, comme si l'on auoit besoin de leur consentement pour faire executer des Statuts que les Roys ont donnés aux defendeurs, que la possession de trois siecles leur a conserués, & que plusieurs Arrests leur ont confirmés, malgré la contradiction des Cinq autres Corps, & particulierement de celuy de la Drapperie, qui a toûjours signalé son enuie & sa jalousie contre les defendeurs.

X.

Le Corps des Marchands Drappiers a esté estably dans Paris, en l'année 1188. par le Roy Philippes Auguste, pour y vendre seuls la Drapperie, tant en gros qu'en détail, à l'exclusion de tous les autres Marchands, de quelque qualité qu'ils soient; à l'effet dequoy, Sa Majesté fit dés ce temps là des Halles qui subsistent encores à present par les soins & par les depenses des seuls Marchands Drappiers & Chaussetiers, que l'on connoist assez

X.

On s'estonne extrémement qu'ils se vantent icy de leur Origine, puis qu'eux-mesmes en ont tant de honte, qu'ils n'osent pas faire voir leurs premiers Statuts, quoy qu'ils les ayent en leur possession; du reste les defendeurs n'empêchent pas qu'ils ne vendent les Draps de leur façon, suiuant leur institution; mais ils soustiennent que c'est vne vsurpation manifeste qu'ils veulent faire lors qu'ils tâchent d'étendre la Drapperie à des chôses qui sont de pure Mercerie; & afin de les confondre par leur propre Titre, l'on employe contre eux par le nom de la *Halle aux Draps*, & c'est le lieu où toute la Drapperie est apportée, pour y estre veuë & visitée par les Maistres & Gardes de la Drapperie.

l'Art. 16. des Statuts qu'ils produisent, dans lequel on découvre clair comme le jour, qu'ils n'ont pouvoir de debiter que les Draps qu'ils auront fabriquez, & ceux qui seront apportez par les Forains dans les Halles.

A l'égard de ce qu'ils alleguent, que le Roy Philippes Auguste fit bâtir leur Halle en l'année 1188. il n'est rien (sauf correction) de plus apocripse, & si ce fait estoit de quelque consequence pour la decision du differend qui se presente, on rapporteroit icy tout au long l'Histoire du bâtiment des Halles, & de la clôture du Cimetiere de S. Innocent, fait par les soins de ce grand Prince; mais comme cela est absolument inutil, on se contente de renuoyer ceux qui pourroient auoir quelque curiosité sur cette antiquité, aux Annales de Rigordus en la vie de ce Roy, & de Nicolle Gilles, au mesme endroit, où l'vn & l'autre la traittent tres-diffusement, sans qu'il y soit dit vn seul mot, ny des Drappiers, ny de Halles aux Draps; Aussi est-ce la verité, comme il a esté touché dans la premiere partie de cette deffense, que la ruë de la vieille Drapperie, auec celle des Blancs-manteaux & de la Mortellerie, ayant esté assignée aux Drappiers pour leur Manufacture, ils furent releguez en Berry & en Normandie, pour le sujet qui a pareillement esté expliqué, si bien que n'y ayant plus de Manufacture de Draps en cette Ville, l'on jugea à propos dans la suitte des temps pour la commodité des Marchands Forains qui y en apportoient, & pour la conseruation de leurs Marchandises, de couvrir vn lieu qui fut appellé la Halle aux Draps, sans que l'on en puisse presentement cotter le temps, ny mesmes le regne sous lequel elle fut faite, & dautant que cette Histoire est toute indifferente pour le jugement de la contestation, on ne se met point en peine de la rechercher dauantage.

XI.

Cette marchandise de Drapperie comprend indifferemment toutes les Marchandises & Manufactures de laine ou de poil, ou meslées partie de laine ou poil, & partie de soye ou fleuret, ou fil, ou autres choses, tant en France, qu'és Pays étrangers, sous quelque nom qu'elles puissent estre comprises, dont la vente a esté attribuée aux seuls Marchands Drappiers & Chaussetiers, ausquels par cette raison appartient aussi de vendre toutes les sortes de laines ou poil filés, tant en ce Royaume, que des Pays étrangers, comme estant leur principale matiere dont sont faites les Marchandises de Draps, Serges, Estamez, Ratines, Frizes, Revêches, Bayettes, Croisez, Camelots, Baracans, Droguets, Roizes, Sergettes, Estamines, & autres sortes de Manufactures de Drapperie, encore que suiuant nostre vsage, le mot de Drap qui est vn mot de Genre indique par excellence, l'espece la plus noble de la Drapperie, neantmoins il s'estend à toutes sortes d'Estoffes faites de laines ou partie de laine, desquels les seuls Marchands Drappiers ou

XI.

Le Mot de Drap porte sa propre signification, qui ne peut souffrir d'extention aux Serges, Sergettes, Camelots, Estamine, & autres Estoffes ouvrées, de laine & de poil, qui sont reputées Mercerie, & ce qui en fait la difference, est que le Drap se manufacture de la mere laine ainsi nommée, à cause qu'elle se tire de dessus les bestes qui ont porté & qui sont en leur perfection, cette mere laine grasse est de soy huillée & filée à vn fort grand Roüet, que sa force luy permet d'endurer, apres quoy elle est appellée filet, ou fil gras, à la difference de celle que l'on compose de fil sec reputé Mercerie, de maniere que de cette laine ou fil gras, se dispose la chaîne ou la tresme des Draps sur vn puissant & large Métier où il faut deux Ouvriers pour trauailler, nommez Drapiers Drappans, & de grands outils pour fabriquer des Draps, ayant laine dessus & dessous, qui couure & empesche de voir la chesne & la tresme, appellée vulgairement la corde du Drap, & pouvant endurer le chardon & la tonture; d'où il resulte vne preuve certaine qu'ils n'ont esté instituez que pour les Draps qu'ils manufacturoient, & par consequent ne peuvent pretendre que le seul Drap qu'ils ouvroient, veu mesme qu'au procez pendant au Parlement, & dans leur Memoire au Conseil, ils ont allegué que

chaque

Chauſſetiers, connoiſſent la bonté interieure, & dont ils font les plus iuſtes diſtinctions par leurs Statuts qui ont eſté confirmez de temps en temps par nos Roys, ceux de l'an 1573. homologuez en Parlement en 1575. ſuiuant les Lettres Patentes de Charles IX. portans és Articles XI. XIII. & XIV. que les ſeuls Marchands Drapiers de Paris auront le pouvoir de vendre Draps en la Ville de Paris, en détail ou autrement, qu'aucuns Marchands Forains ne pourront vendre Draps à Paris, qu'és Halles d'en haut, & que les Marchandiſes de toute ſorte de Drapperie faites hors le Royaume de France, ne pourront eſtre arriuées ailleurs qu'és Halles des Forains de Paris, eſtre vendües ny expoſées en vente, que prealablement icelles Marchandiſes n'ayent eſté veuës & viſitées par leſdits Maiſtres & Gardes de la Drapperie, pour voir & connoiſtre ſi elles ſont loyalles, & l'Article XXIX. comprend les Draps de 25. ſols l'aune & au deſſous, ce qui fait bien voir que les moindres Eſtoffes de Drapperie y ſont compriſes ſous les termes de Drap, auſſi bien que les plus conſiderables & de plus grand prix.

chaque Corps deuoit demeurer dans les bornes de ſon Statut, joint que le leur ne leur attribuë que le trafic & vente du Drap de leur fabrique & non des Serges, leur nom & qualité leur ayant preſcript ce qui eſt de leur fonction, qui ne ſe doit eſtendre que pour le Drap, eſtans Drappiers & non Sergiers, au lieu que les Serges & Sergettes qui ſont Merceries, ne ſe compoſent que de laine, d'aignelins & ruptures de laine, les loqueſts & aignelins ſont mis en des chaudieres, auec du ſavanon noir & autres ingrediens, que la force du feu fait boüillir & écumer; en ſorte que toute la graiſſe & ordure qui eſtoit en cette laine en ſortent, ſi bien qu'eſtans tirées & miſes au Soleil, elle deuient grandement ſeiche & ſans graiſſe, puis eſt filée au petit roüet ou au fuzeau auec les doigts; apres quoy elle eſt nommée de tous les Ouvriers filet ou fil ſec, pour eſtre ſans aucune graiſſe; ce qui fait la difference de la laine qui eſt filée toute graſſe, de laquelle ſe font les Draps.

De ce fil ſec ſe fabriquent les Serges & Sergettes, Chaalons, Reims, Amiens, Aumalle, Chartres, Illiers, Nogent, Moüy, & autres lieux, en grand nombre ſur vn petit métier, auquel vn ſeul Ouvrier trauaille auec des petits outils, où on voit toûjours la chaiſne & la treſme, elles n'ont point de laine qui les couvre comme le Drap, elles n'ont d'ordinaire que demie aulne ou deux tiers de largeur, ne peuuent ſouffrir le chardon, ny la tonture, qui ſont la pluſpart trauaillez à l'imitation des fabriques étrangeres.

Voila la difference qu'il y a entre la Drapperie, dont les Drappiers ont droit de faire commerce, & les Serges & Sergettes qui ſont Merceries, deſquels les Marchands ont droit ſeuls, & ſont en poſſeſſion immemoriale de faire le negoce, tant par la raiſon de leur inſtitution, de leur qualité de Mercier, que par la nature & façon deſdites Etoffes, dont ils ont eſté maintenus & conſeruez par vn nombre infiny de Sentences & Arreſts produits au procez du Parlement, qui ont diſertement iugé cette queſtion.

Les Drappiers ont eſté inſtituez pour vendre Drap ſeulement, témoin tous les Articles de leurs Statuts, qui ne parlent que de la façon des Draps, & non des Serges & Sergettes, qu'ils n'euſſent pas obmis ſi elles euſſent appartenu à leur Corps ſeulement, & euſſent eſté compriſes ſous le mot de Drapperie, qui eſtoit vn adueu tacite, que la vente n'en eſtoit permiſe qu'aux ſeuls Marchands Merciers.

Et pour prouver encore cette difference? c'eſt que ces ſortes de Draps ſont portez directement à la Halle aux Draps, pour eſtre lottis & partagez entre eux, à l'inſtar des autres Artiſans, au contraire les autres Draps, les Serges & Sergettes, & tout ce qui eſt reputé Mercerie, arriuant à Paris, vont directement au Bureau des Traites Foraines, par ce que ſi elles alloient auſdites Halles, elles payeroient quatre ſortes de droits: Le premier le Hallage: Le ſecond le Courtage: Le troiſiéme l'Aunage: Et le quatriéme le Tonlieu, de tous leſquels la Mercerie eſt exempte, meſmes d'aller auſdites Halles, qui ne ſont deſtinées que pour les Drapperies de leur fabrique.

Les Drappiers & les Merciers ont vécu iuſques à preſent dans cette regle. Ce n'eſt pas que leſdits Drappiers qui ont rendu leur jalouſie immortelle contre les Merciers, n'ayent de temps en temps fait quelques tentatiues, tantoſt ſous leurs noms, tantoſt ſous ceux des Fermiers du droit de ſol pour liure, impoſé ſur la Drapperie, & du Vingtiéme

C

ordonné estre leué par forme de subuention, par Edit du mois de Nouembre 1640. pour essayer de confondre & tascher par subtilité de faire croire que les Drapperies & les Serges, Sergettes & Camelots, dont la distinction vient d'estre faite, n'estoient qu'vne mesme Marchandise dependante d'vn mesme Corps; mais tous leurs injustes efforts sont demeurez inutils & toûjours ainsi que lesdits Fermiers ou Traitans succombent, comme il se verifie par diuers Arrests, tant du Conseil que de la Cour des Aydes, & entre autres par ceux des 17. Octobre 1597. 18. Septembre 1606. 30. Decembre 1608. 13. Février 1616. 21. Octobre 1621. 5. Aoust, & 9. Septembre 1628. premier Mars 1651. 30. Iuin 1640. & 24. Avril 1641. & quoy que conuaincus de la justice de tant d'Arrests rendus en si grande connoissance de cause, neantmoins ils se sont aduisez par vn dernier coup de desespoir, de rebattre tout de nouueau la mesme question tant de fois iugée, s'imaginans que le long-temps qu'il y a qu'ils sont rendus, en a fait perdre la memoire aux Marchands Merciers; & voulans faire reuiure leurs esperances qu'ils n'ont iamais pû borner, ils se sont attachez à expliquer leurs Statuts de Charles IX. de 1573. en leur faueur, & qu'ils doiuent vendre toutes les Marchandises manufacturées de laine ou de poil, mesmes celles où il y a de la soye ou du fleuret, qui est vne pretention chimerique, & enfin digne du premier objet de leurs esperances perduës par lesdits Arrests, oublians que non seulement leurs Statuts ne leur en donnent pas le pouvoir; mais que ces Statuts sont posterieurs de trois années à ceux desdits Marchands Merciers du mesme Roy Charles IX. qui ont seruy de fondement, comme tous les autres precedens, & depuis ausdits Arrests.

Pour ce qui concerne la permission qu'ils demandent de pouuoir vendre des laines & des fils qui entrent dans la composition de leurs Draps; c'est de mesme que si vn Teinturier demandoit qu'il luy fût libre de vendre de toutes les drogues & ingrediens, dont il fait ses couleurs & sa teinture, le Gantier & Cordonnier, les cuirs & peaux qui entrent dans leur ouvrage, ou vn Chapelier tous les poils & toutes les laines qui entrent dans les chapeaux qu'il fabrique, ce qui est si absurde & la proposition ne merite pas mesme de reponse, tant elle est contraire à toutes sortes d'vsages & de raisons, estant d'ailleurs impossible qu'vn si petit nombre de Soixante, dont tout le Corps de la Drapperie est composé, pût debiter si grande quantité de diuerses Marchandises, dont il fait besoin.

XII.

Le mesme Roy Charles IX. par son Edit du mois de Mars 1571. pour la Reformation, Police & Reglement sur les façons & teinture des Draps, Estames, Serges & autres Etoffes de laine, qui portent pour titre au haut des pages, Reglemens sur la Drapperie, & est verifié en Parlement le 23. Iuin 1572. fait assés connoistre qu'il veut & entend que la vente de toutes les Marchandises faites de laine, appartiennent aux seuls Marchands Drapiers, & que toutes les Marchandises faites de laine sont comprises sous le seul mot de Drapperie, ce qui est ainsi expliqué en deux endroits de la huictiéme page dudit Edit, Drap, Estames, Serges, Camelot de laine, & autres Drapperie & manufacture de laines quelconques; Il est aussi fait mention en la quatorziéme page du mesme Edit, de Serges d'Orleans, Caen & d'Ascot, & des futins de laines de toutes sortes

XII.

Cét Edit qui auoit esté verifié en la presence & de l'exprés Commandement du Roy, fut reuoqué en l'année 1606. & consequemment ne pourroit estre tiré à consequence; d'ailleurs il n'est fait que pour prescrire les longueurs & les largeurs des Etoffes, tant de Draps que de Serges, sans qu'il y soit fait aucune mention des Drappiers en particulier, non plus que d'aucun autre Corps, tellement que c'est vne illusion apparente aux demandeurs de s'en faire vne application particuliere & speciale, & pour marquer que c'est autant contre l'esprit que contre le texte mesme de l'Edit, il est conceu en ces termes, defenses de les deliurer aux Marchands de quelque qualité qu'ils soient : Ce qui fait bien connoistre que la disposition concerne aussi bien les Marchands Merciers, que les Drappiers, puis qu'ils vendent concurremment des Draps, & quoy qu'il porte dans son Titre, Reglement sur la Drapperie; on ne peut pas induire qu'il n'ait du tout parlé d'autre chose que de la Drapperie; car ne sçait-on pas que le Titre d'vn Edit, ou d'vn ouvrage de quelque quade frizes & Draps à doubler ; comme Revéches, Frizes d'Angleterre, Draps d'Aumalle & Carezez d'Angleterre, & en la derniere page dudit Edit, des Camelots de laine ; toutes lesquelles Marchandises faites de laines, le Roy Charles IX. susdit comprend sous le nom de Drapperie.

lité qu'il soit, n'en comprend pas toute la disposition ? Aussi ce raisonnement ayant toûjours esté fait par les demandeurs, dans le procez qu'ils ont fait aux defendeurs, il a toûjours esté rejetté au Parlement & ailleurs, comme estant destitué de toute apparence.

Mais la iuste consequence qu'on en pourroit tirer contre les demandeurs, seroit que cét Edit qu'ils pretendent n'auoir esté fait que pour la Drapperie, ne parlant que des Etoffes de pures laines, & non point de celles où il entre de la soye ; c'est tres-mal à propos qu'ils les pretendent aujourd'huy contre leurs propres pieces ; à quoy l'on peut adjouster que pareils Reglemens ont esté faits depuis peu par Monseigneur Colbert, authorisez par sa Majesté, sans blesser le droit de l'vn ny de l'autre desdits Corps, qui est demeuré en son entier suiuant leurs Statuts.

XII.

Le Roy Henry III. ayant en l'année 1582. establi le Sol pour liure sur toutes sortes de Marchandises, à l'exception des mennes denrées, fit faire vn Tarif general, dans lequel l'on comprit les Ratines, Estames, Serges & Sergettes, & autres Etoffes de laine, sous le nom de Mercerie.

XIII.

Il est absurde (sauf correction) de pretendre que la Ratine, l'Estamine, les Serges, Sergettes, & autres Etoffes de laine, soient Marchandises de Drapperies, par ce que le Roy Henry III. les a assujetties au Sol pour liure; car on ne void aucun principe sur lequel cette consequence ait pû estre fondée ; mais il est d'autant plus étrange de l'aduencer, que les Drappiers sçauent que par tous les Arrests contradictoires qui ont esté citez sous l'article 11. ces Marchandises ont esté reputées & declarées Merceries, nonobstant ce pretendu raisonnement qu'ils n'ont iamais manqué de faire depuis cét Edit.

XIV.

Le Roy Louis XIII. d'heureuse memoire, par sa Declaration du 19. Mars 1622. a aussi compris sous le nom de Drapperie, les Draps, Serges d'Orleans, Caen, Chartres, Amiens & Ascot, Revèches, Crezeaux d'Angleterre, Draps d'Angleterre, Frizes, Felins, Bayettes, Serges de Roüen, Draps d'Espagne, & autres Marchandises de laine.

XIV.

S'ils auoient pris la peine de lire exactement la Declaration qu'ils alleguent, ils ne déniroient pas que dans le preambule elle parle de la Mercerie, aussi bien que de la Drapperie, & que sous le mot general d'autres Manufactures de laine, celles qui sont de la Mercerie y sont indistinctement comprises auec celles qui appartiennent à la Drapperie, ainsi qu'il a esté iugé par tous les Arrests citez sur l'Article 11.

XV.

Les Maistres & Gardes de la Draperie de cette Ville de Paris, ayant presenté Requeste le 12. May 1618. au sieur Henry de Mesme, Conseiller du Roy en ses Conseils d'Estat & Priué, & Lieutenant Ciuil de la Preuosté de Paris, & par icelle montré que pour remedier à la deffectuosité des Teintures, il estoit necessaire d'ordonner que toutes sortes de Revèches, Frizes, Serges, Draps, Char-

XV.

Le Reglement qui est fait par cette Sentence, sur la maniere de teindre les Etoffes, ne sert dequoy que ce soit pour la distinction de ce que chacun des Corps peut vendre.

Deplus, cette Sentence renduë sur simple Requeste, sans Contradicteur, & qui n'a paru aux defendeurs qu'aujourd'huy, depuis cinquante-vn an qu'elle est renduë, sert beaucoup plus à iustifier l'enuie que les demandeurs auoient dés ce temps-là, de paroître necessaires

tres, d'Orleans, d'Aumalle, Amiens, Londres, Dafcier, & autres pareilles & semblables Marchandifes, excedans le prix de Vingt-quatre fols, feroit teinte en guelde, pour apres eftre repaffées en Galle & Couperoze, ledit fieur de Mefme Lieutenant Ciuil ayant veu le confentement du fieur Procureur du Roy, du 20. May 1618. rendit fa Sentence le 22. dudit mois, & ordonna que les Marchandifes fufdites feroient teintes, ainfi qu'il auoit efté demandé par ladite Requefte defdits Marchands Drappiers; Il eft à remarquer que cette Sentence a efté fignifiée à la Requefte des Maiftres & Gardes de la Drapperie, le 22. Aouft 1618. & le 7. Octobre 1632. à tous les particuliers Marchands Drapiers à Paris.

au Public, que d'vn Titre valable pour eftablir qu'ils ont droit de vendre concurremment auec les defendeurs, des Revêches, Frizes, Serges drappées, de Chartres, d'Orleans, Aumalle, Amiens, Londres, & autres femblables Marchandifes, puis qu'il n'en eft rien dit, & que des chofes de cette confequence ne fe prefument, ou ne fe fuppléent iamais contre l'vfage & la poffeffion, auffi bien que contre la difpofition des Arrefts.

XVI.

Toutes ces pieces font voir que l'on a toûjours compris fous le feul terme de Draps, toutes les Marchandifes de laine cy-deuant éxprimées, & que la vente d'icelles a efté attribuée aux feuls Marchands Drappiers.

XVI.

Il n'y a aucunes de ces pieces qui difent que fous le mot de Drap, toutes Marchandifes de laine y foient comprifes, ou qui en attribuë la vente aux demandeurs feuls, à l'exclufion des defendeurs; de forte qu'elles ne font rien du tout à leur aduantage, & encores moins ne leur donnent droit de vendre des Marchandifes meflées de laine, poil, fil, foye, fleuret & autres, comme ils le pretendent contre les termes & les difpofitions defdits Arrefts cy-deffus alleguez, & de la piece qu'ils produifent pour Statuts.

XVII.

Voila les Titres des Marchands Drapiers, qui font communs aux Chauffetiers, qui compofent auec eux vn mefme Corps, & qui ont auffi de femblables Statuts, auec pouvoir de vendre, à l'exclufion de tous autres, tous haut & bas de chauffes & d'attaches faits des Marchandifes cy-deffus nommées, & de Toilles, Treillis, Futaines, & autres fortes de Cuirs & Etoffes.

XVII.

On conuient que les Drappiers & Chauffetiers ne font à prefent qu'vn mefme Corps, ayans efté ioints enfemble dés l'année mais c'eft contre la verité & contre l'vfage, qu'on induit que les Chauffetiers & Drappiers, à caufe de leur vnion, puiffent debiter tous hauts & bas de chauffes faits de Toille, Treillis, Futaines, Chamois, & autres fortes de Cuir & d'Eftoffe, puifque les Chauffetiers n'ont iamais eu droit de vendre autres chauffes que celles qu'ils faifoient de Drap, ou d'autres Etoffes de leur fabrique, le refte cy-deffus expliqué ayant toûjours appartenu aux Marchands Merciers, qui prefentement en font encore dans vne poffeffion tres-conftante.

XVIII.

Ils ont encore tous enfemble l'apreft des mefmes Marchandifes, comme reparages, Teintures & autres apprefts, conformement aux Ordonnances qui leur en permettent la vifite, à caufe de la connoiffance particuliere qu'ils en ont.

XVIII.

Les defendeurs n'empefchent pas que les demandeurs ne jouïffent du droit de l'Appreft, reparage, teinture, tonture, & autres aprefts des Marchandifes de Drapperies qu'ils ont droit de vendre.

XIX.

XIX.

Et comme par ledit Edit de Charles IX. du mois de Mars 1571. la visite est attribuée aux seuls Marchands Drappiers Chauffetiers, de tous apresls, tonture & teinture de Draperies & Manufactures de laine ; ils peuvent dire qu'ils y ont encore esté maintenus depuis peu par le Roy heureusement regnant, par Arrest donné en son Conseil Royal de Commerce, sa Majesté y estant, le 13. Octobre 1667. suiuant le prudent Aduis de Monseigneur Colbert, Sur-Intendant des Arts & Manufactures du Royaume, par les ordres duquel s'estans assemblez l'année derniere, ils deputerent deux d'entr'eux qui se seroient transportez auec ses Lettres missiues, & par exprés Commandement de sa Majesté, en tous les lieux, Villes, Bourgs & Villages où l'on fait des Manufactures de Draperie, dont ils auroient dressé leurs Procez verbaux en presence des Officiers des lieux, & les Statuts de ces Ouuriers differents ont esté reformez, reglez & homologuez depuis peu sur les aduis des Marchands Drapiers, par Arrest du Conseil de Commerce rendu, sa Majesté y estant, & le choix entre tous les Corps des Marchands, pour faire vne visite si importante au Royaume, est vn effet de la rigueur qu'ils exercent sur eux-mesmes dans les visites qu'ils font chez tous les Marchands Drappiers Chauffetiers de la Ville & Faux-bourgs de Paris.

XIX.

L'Arrest du Conseil de Commerce, en datte du 13. Octobre 1667. qui ordonne que les Statuts des Drappiers, & entre autres ceux des années 1571. & 1573. seront executez, & en consequence que les Marchandises de Draperie apportées és Foires S. Germain Desprez, du Landy S. Denis, S. Laurens & autres, seroient par eux visitées, ne fait point de consequence dans le different qui se presente, & ne leur donne pas plus de priuilege qu'ils en auoient auparauant, au contraire cette disposition particuliere de visiter seulement les Marchandises de Draperie, fait contre leurs intentions, par ce que le Roy n'entend pas qu'ils vendent & visitent d'autres Marchandises ; mais sans s'engager plus auant dans ce detail, les demandeurs ne sçauent-ils pas que le mesme iour 13. Octobre 1667. il fut rendu pareil Arrest du Conseil de Commerce, qui porte que les Statuts des Marchands Merciers seront executez, & particulierement ceux des années 1601. 1613. & 1645. dont les dispositions & executions font depuis si long-temps murmurer les Drappiers, & adjouste mesme que sa Majesté leur confirme de nouueau le pouuoir qu'ils auoient de faire leurs visites esdites Foires, durant & hors le temps d'icelles, sur toutes sortes de Marchandises manufacturées, ou non manufacturées en France, qui se vendent indifferemment par tous les Marchands Merciers Priuilegiez suiuant la Cour, ce que les demandeurs auroient aussi fort souhaitté d'obtenir, ainsi qu'il paroist par leur Requeste inserée dans l'Arrest ; mais que le Roy n'a pas estimé iuste de leur accorder, estant à remarquer que les demandeurs ne poursuiuirent leur Arrest que par jalousie, sur l'aduis qu'ils eurent que sa Majesté auoit intention de rendre celuy datté du mesme iour 17. Octobre 1667. en faueur des Merciers ; & c'est dequoy Monsieur de la Reynie est tres-humblement suplié de vouloir se resouuenir, & mesme de ce qu'il eut la bonté de dire aux Gardes des deux Corps, qu'ils se gardassent bien de rien entreprendre sur l'vn sur l'autre, ce qui fut executé tres-ponctuellement par les defendeurs, lesquels visiterent le lendemain à S. Denis, en la presence des Drappiers, les Marchandises dont ils font trafic, & notamment celles que les Drappiers veulent aujourd'huy vsurper mal-gré vne possession de tant de siecles, & l'authorité de tant d'Arrests qui leur ont defendu, estant de plus à remarquer, que lesdits Drappiers n'auoient iusques à lors entrepris ny fait aucunes visites, esdites Foires, n'en ayant pas le droit, dont le Corps de la Mercerie est en possession immemoriale, lesquelles visites leur sont enjointes par leurs Statuts, ainsi qu'ils iustifient par les Procez verbaux.

Que si sa Majesté a ordonné à deux Drappiers, de se transporter dans quelques lieux du Royaume, dont ils ne iustifient aucune chose, cela ne fait aucune consequence, ny ne leur donne pas plus de droit pour paruenir à leurs pretentions, puisque si le Roy auoit fait l'honneur aux Marchands Merciers de les choisir, ils s'en seroient sans vanité beaucoup mieux acquitté par les grandes connoissances qu'ils ont de toutes sortes d'Estoffes, dont ils ont trouué les inuentions, & fait les establissemens en France.

X X.

Dans ces visites, les Maistres & Gardes de la Draperie sont assistez d'vn Huissier, d'vn Teinturier de bon teint, d'vn Iuré Tondeur, & d'vn Iuré Applaneur, pour connoistre tous ensemble les fausses teintures & les mauuais apprests desdits Marchands, & lors qu'ils sont dans les Magazins & boutiques des Marchands Drappiers & Chaussetiers, ils visitent les aulnes sur leur estallon, & se font apporter toutes sortes de Marchandises qu'ils ont, desquelles ils prennent des échantillons, & les numerots qu'ils marquent & passent dans vn lasset, suiuant la marche de leurdites visites, lesquelles estans finies, ils font venir les Teinturiers de bon teint dans leur Bureau, & en leur presence font faire le debouïlly des échantillons, & s'ils sont trouuez de faux teint, lesdits Maistres & Gardes enuoyent querir chez les Marchands les pieces de Marchandises, dont les échantillons se sont trouuez de faux teint; apres quoy ils en font leur declaration au sieur Procureur du Roy au Chastelet de Paris, & poursuiuent ceux qui sont en faute, iusques à Sentence diffinitiue, qui quelquesfois a esté si rigoureuse, que les lizieres des Marchandises ont esté leuées & brûlées deuant leur boutique & à la porte des Delinquans, dont la moindre peine pour l'ordinaire est suiuie d'vne confiscation de leurs Marchandises & d'vne condemnation d'amende & despens, & mesmes iusques à leur faire fermer leurs boutiques.

X X.

La forme & la maniere en laquelle les Marchands Drappiers font leurs visites, est entierement inutile pour la decision du different qui se presente, & lors qu'ils ne la voudront point estendre au delà des Draps, dont ils peuuent faire le debit, il n'y aura point de contestation entre les parties; mais apres tout, si l'ordre que l'on tient dans ces visites estoit de quelque consideration pour le jugement de la question qui fait le Procez, les defendeurs peuuent dire que celles qu'ils font, ne sont ny moins solemnelles, ny moins exactes ou seueres, y estans toûjours accompagnez d'vn Commissaire & d'vn Sergent du Chastelet, pour saisir & faire confisquer les Marchandises defectueuses, rompre les aulnes qui ne sont pas de mesure, & les poids qui sont alterez, & faire condamner les particuliers qui se trouuent en faute par Monsieur le Lieutenant general de Police, en de grosses peines proportionnées à la qualité du delit.

Au reste, l'Exposé mesme des demandeurs dans cét article, fait assez voir que le Public ne les a pas iugé capable de connoistre la teinture & des apprests, puisque selon leur propre aueu, on leur associe vn Teinturier de bon teint, vn Iuré Tondeur & vn Iuré Aplaneur, pour connoistre tous ensemble les fausses teintures & les mauuais apprests, ce que l'on ne feroit pas si on les en eust iugé capables par eux-mesmes.

X X I.

Dans cette exactitude rigoureuse qui maintient chacun dans son deuoir, auec submission, il est bien iuste que les Marchands Drappiers, Chaussetiers, qui depuis tant de siecles se sont conseruez dans cette possession, & qui ont esté maintenus par vn grand nombre d'Arrests, fassent eux seuls le Commerce de la Drapperie, puis qu'ils en font l'exercice si vtilement pour le Public, & qu'ils se soûmettent de ne faire aucun

X X I.

Il n'y a qu'à iuger les demandeurs par leurs propres paroles; car ils disent dans cét Article, qu'ils se soûmettent de ne faire aucun trafic de la Mercerie, qui est tout ce que l'on peut desirer d'eux; mais ils n'agissent pas de la mesme maniere, puis qu'ils veulent faire comprendre sous le mot de Drapperie, ce qui est de plus naturel & de plus essentiel à la Mercerie, ainsi qu'il a esté iugé par vne infinité d'Arrests, & confirmé par vne possession & vn vsage de trois siecles.

trafic de la Mercerie, qui fera encore bien plus vaste & plus étenduë quand elle fera restrainte dans les bornes que les Ordonnances luy prescriuent, que celuy de tous les autres 5. Corps ensemble.

XXI.

Car si l'vsage a fait tourner en Prouerbe, que chacun se doit mesler de son métier, l'équité naturelle le demande, le Public qui en est la premiere expression le veut ainsi, & lors que l'auarice & la jalousie ont troublé la iuste œconomie, le Droit ciuil est venu à son secours pour condamner vne entreprise si criminelle, & rendre à vn chacun ce qui luy appartient.

XXIII.

Aussi les Corps naturels font leur fonction chacun dans leur Sphere, sans iamais s'en éloigner ; il est iuste que les Marchands Drappiers & Chaussetiers qui se contentent de leur Commerce, ne soient plus troublez dans leur trafic par les Marchands Merciers, sur tout apres leur declaration tant de fois reiterée, de ne point vendre ny debiter en quelque sorte & maniere que ce soit, aucunes des Marchandises de la Mercerie.

XXIV.

Autrement il n'y auroit plus de diference entre les Corps des Marchands, leurs Statuts demeureroient inutils, & leur fonction estant confuse, ils n'auroient plus aucune Regle, au lieu que le pouuoir estant donné à chaque Corps distinctement, suiuant les Marchandises qui sont particulieres, toutes choses seront reglées suiuant l'ordre de la Police, qui ne peut estre conseruée dans Paris, que par des visites frequentes des plus intelligens & des plus experimentez en chaque sorte de Marchandises.

XXV.

Et comme les Marchands Merciers n'ont fait aucun apprentissage ny experience dans les autres Corps, ils n'en connoissent point la marchandise ny la façon, ils n'en sçauent non plus la qualité

XXII.

Les Drappiers pratiquent mal le Prouerbe qu'ils citent si agreablement, puis qu'ils se veulent mesler de faire vn negoce qui appartient à la Mercerie, par toutes les raisons qui ont esté representées.

XXIII.

La subtilité des Drappiers est admirable; car ils protestent, disent-ils, de ne vouloir se mesler aucunement de la Mercerie ; mais au mesme temps ils ne laissent pas de soûtenir, que ce qui est de plus essentiel & de plus familier au Commerce de la Mercerie, appartient à la Drapperie, quoy que la pretention en ait esté tant de fois condamnée.

XXIV.

La liberté sans limites & indefinie, accordée aux defendeurs, n'a point fait de confusion depuis tant de siecles qu'ils sont établis, & n'en peut faire par la difference specifique qu'il y a entre ce Corps, qui n'a pas la permission de trauailler, & les cinq autres Corps des Marchands qui sont mixtes, estans tous Ouuriers & Marchands de Marchandises particulieres à leur Art ou negoce ; en sorte que les plus experimentez d'entre eux, sont les plus recherchez, ainsi que le sont les Marchands Merciers, qui font le plus grand debit & le meilleur marché.

XXV.

Quoy que les Marchands Merciers ne fabriquent point, ils ne peuuent toutesfois estre receus ny admis dans le Corps, suiuant la Loy de leurs Statuts, qu'ils n'ayent fait apprentissage pendant trois années entieres, & seruy actuelle-

& le bon employ, & sont par cette ignorance de fait incapables d'en iuger & faire les visites necessaires.

ment les Marchands trois autres années, pour se rendre capables de connoistre la qualité & le prix des Marchandises dont ils desirent faire le negoce, apres lequel temps, si l'Apprenty est iugé suffisant par les Maistres & Gardes du Corps, il est receu; sinon renuoyé, ce qui arriue rarement, par ce qu'vn Apprenty se rend plus capable du commerce en trois ans chez vn Marchand Mercier, à cause de la diuersité & quantité de Marchandise, dont ce grand Corps fait le commerce, qu'vn autre Apprenty en dix ans chez vn Drappier, & autres Corps.

Et le Conseil est tres-humblement supplié de remarquer comment les Drappiers qui n'ont aucune connoissance des Marchandises dont ils demandent auec tant d'empressement la faculté de faire commerce, pourroient en faire le negoce, eux qui ne les connoissent pas, & n'en ont iamais vendu non plus que leurs deuanciers, n'en pouuans pas mesme faire le discernement, ny seulement dire les lieux d'où elles viennent : ce qui fait clairement voir l'emportement desdits Drappiers, qui deuroient auoir plus de moderation, & ne pas traiter d'ignorance les Marchands Merciers, qui font leur principal & leur plus necessaire employ de toutes ces Marchandises.

XXVI.

C'est pourquoy Sa Majesté estant en son Conseil Royal de Commerce a ordonné par Arrest de sondit Conseil du 13. Octobre 1667. que les Lettres Patentes seruant de Statuts & Reglemens aux Marchands Drapiers de Paris, & notamment celles dés années 1571. & 1573. ensemble tous les nouueaux Reglemens & Statuts homologuez en sondit Conseil, pour les Manufactures des Villes de Paris, Lyon, Carcassonne, Tours, Sedan, Bourges, Romorentin, Issoudun, Chasteauroux, Vierson, Aubigny, la Scelle, S. Lo, Saint Genenot, Charles, Verneüil, Oubigny, Dreux, Falaize, Vire, Illiers, Elbeuf, Chaalons, Beauuais, Amiens, Aumalle, Granduilliers, Creuecœur, Blicourt, & autres, seroient executez selon leur forme & teneur, faisant sa Majesté tres-expresses inhibitions & defenses d'y contreuenir, ny de faire fabriquer, vendre, exposer en vente, tant sur les lieux, qu'és Halles, Foires, & autres endroits, aucune desdites Marchandises de Drapperie & Serges, qui ne soient bonnes, loyalles & marchandes, conformement au susdit Reglement & Statuts, sous les peines y portées, & en consequence pour empescher les abus qui se commettent particulierement dans les Foires, que toutes lesdites Marchandises de Drapperie & de Sergeries qui sont apportées, tant en celle de Saint Germain Desprez, du Landy S. Denis, S. Laurens, que autres, dans l'étendue de la Ville, Preuosté & Vicomté de Paris, seront veuës & visitées sans frais par les Maistres & Gardes des Marchands Drapiers de Paris, & où elles seroient trouuées defectueuses, qu'elles seroient par eux saisies & transportées en leur Bureau à Paris, & les rapports desdites visites & saisies faites pardeuant le Preuost de Paris, ou son Lieutenant de Police.

XXVI.

Ce raisonnement est inutil, puisque sa Majesté par vn Arrest du mesme iour 13. Octobre 1667. a confirmé aussi & renouuellé les Statuts des defendeurs, auec droit de faire leurs visites, ainsi qu'ils ont accoustumé, & qu'ils ont cydeuant fait connoistre auoir fait; ce que ne peuuent pas faire voir les Marchands Drapiers.

XXVII.

Les Marchands Merciers doiuent estre à present conuaincus, que le Roy par ledit Arrest de son Conseil du 13. Octobre 1667. a attribué aux seuls Marchands Drapiers de Paris la vente de toutes les Marchandises de Draperie & Sergerie manufacturées dans toutes les Villes & lieux exprimez par

XXVII.

Les demandeurs qui ont perdu leur cause autant de fois qu'ils ont entrepris de troubler les Marchands Merciers, deuroient auouer & reconnoistre de bonne foy, que le Roy n'a rien voulu innouer par les deux Arrests du Conseil, du 13. Octobre 1667. mais simplement se confirmer dans leur droit & dans leur possession respectiue, & contenir chacun dans les bornes de

ses

iceluy, & encore de toutes les autres, puisque sa Majesté a ordonné par ledit Arrest, que les Statuts des Marchands Drapiers de Paris, des années 1571. & 1573. seront executez, & que toutes les Marchandises de Drapperies & Sergeries seroient veuës & visitées par les Maistres & Gardes des Marchands Drappiers.

XXVIII.

Les Marchands Drapiers & Chaussetiers, ont iusques à present fait voir qu'ils n'ont pour but que l'ordre Public, & de se conseruer dans vne possession legitime, qui ne leur peut estre enuiée par les Marchands Merciers, puis qu'ils leur laissent vne entiere liberté de vendre, à l'exclusion de tous autres, vne si grande quantité de differentes sortes de Marchandises en tel nombre, qu'à le bien compter, il y en a assez pour occuper six autres Corps differents, tant ils se sont multipliez par la diuersité des Marchandises, & des Ouvrages de Merceries, du trafic & debit desquels ils se deuroient contenter, puis qu'il y en a plus de quatre cens sortes, suiuant le memoire des Marchandises qui peuuent estre venduës par les Marchands Merciers, sans aucune contestation, lequel est dans le sac desdits Marchands Drapiers, auec les Statuts desdits Marchands Merciers, & c'est icy où il faut examiner les Titres desdits Marchands Merciers, afin de connoistre particulierement leur vsurpation & les fausses démarches qu'ils ont faites pour auoir vn specieux pretexte de faire eux seuls tout le negoce du Royaume.

XXIX.

Ils comptent leur Origine du Roy S. Loüis, petit Fils de Philippes Auguste, mais ils ne furent lors establis, que pour suiure à la suitte des Armes ou à la Campagne, n'ayant esté fixez dans Paris, pour faire Corps de Communauté, qu'en 1407. plus de deux cens ans apres l'établissement des Marchands Drappiers de cette Ville, & cette verité est écrite dans leurs premiers Statuts, qui sont les Regles certaines de la Mercerie.

ses Statuts & de ses anciens establissemens, & ne se trouuera pas que dans ceux des Drapiers, il soit fait aucune mention de Sergeries, qui est vne nouueauté qu'ils voudroient estendre & s'attribuer au delà de la disposition de leur propre Titre, sur lequel ils fondent leur pretention imaginaire; en effet on ne presumera iamais que la iustice de ce Grand Prince eust voulu changer & oster à l'vn pour donner à l'autre, sans les entendre tous deux.

XXVIII.

Quand les demandeurs se trouuent hors d'estat de soûtenir dauantage l'entreprise qu'ils ont essayé de faire sur le Corps des defendeurs, depuis si long-temps, ils tâchent de persuader à Nosseigneurs du Conseil, qu'ils n'ont pour but que l'ordre public, & de se conseruer vne possession legitime qui ne leur peut estre (disent-ils) enuiée par les Marchands Merciers, ausquels ils laissent vne entiere liberté de vendre, à l'exclusion de tous autres, vne si grande quantité de differentes sortes de Marchandises, en tel nombre qu'il y en a assez pour occuper six autres Corps differents, qui sont des propositions qui cherchent plûtost la moderation, que l'abondance, & que d'autres gens que les defendeurs appelleroient inciuiles, pour ne pas dire ridicules, comme si les Drappiers auoient quelque authorité pour faire le partage & des Loix au Corps des Merciers, lequel n'en a iamais receu que de nos Roys, & de ceux qu'ils les representent au tribunal de la Iustice, par des Lettres Patentes en forme de Statuts.

XXIX.

Lors qu'il plaira aux demandeurs de lire auec vn peu plus d'attention les Statuts des defendeurs, ils apprendront que l'Origine du Corps de la Mercerie est beaucoup plus ancienne que le regne du Roy S. Loüis, ils verront de plus que ce Grand Roy, pour reconnoistre les seruices & les affections toutes particulieres de ce Corps, dans ces deux voyages d'Outre-mer, ils entreprirent de le fournir de tout ce qui estoit necessaire à ses Armées, luy confirma ses anciens Statuts & Priuileges; ce qui marque

E

qu'ils estoient long-temps auparauant ; de sorte qu'encores que les deffendeurs ne rapportent des Statuts, que de l'année 1407. ce n'est pas à dire qu'ils n'ayent commencé qu'en ce temps-là seulement ; mais c'est que ceux des siecles precedens ne se sont point trouuez, quoy qu'ils y soient mentionnez, & qu'il y en ait vne infinité de preuues d'ailleurs.

XXX.

L'Article 4. desdits Statuts, porte que les Boucasins, Futaines, Bougrands, Draps de Borde de quelque sorte que ce soit, seront vendus sous corde & en balle, ainsi qu'ils viendront du Pays ; & ensuite l'on explique la qualité des Draps de Borde, on les nomme Borde double sangle ; les Marchands Merciers ne peuuent pas dire qu'il y ait vn seul autre mot de Draps dans tous les autres Articles de leursdits Statuts de ladite année 1407. & par consequent les Marchands Merciers ne peuuent se seruir de leurs premiers Statuts de ladite année 1407. pour pretendre de vendre en gros ny en détail, des Draps étrangers faits de laine, puisque ce pouuoir ne leur a point esté donné par lesdits Statuts, & qu'il est constant que les Draps de Borde sont des sangles doubles, & sont faits de fil de chanvre & filasse, & non point de laine, il ne faut donc pour condamner leur pretention nouuelle, & que ce seruit contre eux de leur ancien Titre, puisque c'est l'Ouvrage de leur pere, & la production de leur esprit dans vn temps non suspect, qui a donné forme à la matiere, qui par consequent ne peut plus estre changée, d'autant que ce premier fondement soûtient tout le Corps de l'édifice, & luy donne la subsistance dont la moindre atteinte le pourroit menacer d'vne entiere ruine.

XXX.

On avoüe que les Statuts de 1407. ne sont pas si amples dans ce siecle, que ceux qui les ont suiuis, ou mesme qui les ont precedez ; mais que la substance en est toute semblable, & l'on ne doit pas trouuer étrange si les Roys successeurs ont bien voulu s'expliquer plus amplement & plus fauorablement à l'aduantage des Marchands Merciers, reconnoissans que ce Corps estoit le seul mobile de tout le Commerce, tant du dedans que du dehors de leurs Estats, par les raisons qui en ont esté touchées dans la premiere partie de la deffense.

Quant à ce que les Drappiers objectent, que les Statuts de 1407. ne font mention que des Draps de Borde, & deffendent d'en vendre, sinon d'vn certain aulnage en gros, balle & sous corde, ils ne deuoient pas dissimuler que cette disposition ne touche que les Forains & les Etrangers, ou autres, non receus au Corps de la Mercerie, comme l'vsage de plus de trois siecles, qui les ont suiuis, le faict assez connoistre, & ne laissent aucun lieu d'en douter, puis qu'il est certain que lors qu'il se trouue dans les Statuts, ou dans les Loix anciennes, quelque sorte d'obscurité, l'on consulte l'vsage & la possession comme les plus fideles & les plus seurs interprettes des Loix, qui ne se seroient pas assez amplement & assez clairement expliquez.

Si les Drappiers estoient plus capables d'entendre les Statuts des Merciers. ils demeureroient d'accord que les mots de Drap de Borde, double & sangle, s'entendent aujourd'huy des Draps doubles & simples, aussi que les Marchands Merciers se seruent encores à present de ces mesmes mots de sangle, pour des simples, appellans du fleuret sangle pour faire difference de celuy qui est double, & a deux brins, au simple qui n'a qu'vn brin ; les Flamands se seruent pareillement des mesmes termes doubles & cingle, qui signifie simples ; Témoins ; les Bazins, sangle, lion & double lion, pour faire la diference du double au simple.

XXXI.

On demeure d'accord, qu'il est dit en l'Article 7. desdits Statuts de 1407. que les Serges d'Arras, d'Angleterre, d'Hollande & d'ailleurs, appartiennent à la Mercerie, & qu'elles seront

XXXI.

Les Statuts accordez au Corps de la Mercerie, en 1567. expliquent si nettement ces choses, és Articles six, sept & treize, que les Drapiers y ayant formé opposition, dés ce temps-là ils l'ont abandonnée pour la temerité qu'eux venduës sous cordes & les balles entieres comme elles viennent du Pays ; mais il est difficile de comprendre comment les Marchands Merciers osent faire mettre dans cét Article de leurs Statuts, que ces trois sortes appartiennent à la Mercerie, d'autant qu'il n'y a eu aucune apparence de raison, ny de justice, de pretendre par les Marchands Merciers, de vendre seulement trois sortes de Serges faites de laine dans les Pays Etrangers, puisque la vente d'icelles auoit desja esté attribuée aux seuls Marchands Drapiers, il y auoit deux cens ans, & que d'ailleurs c'estoit introduire la confusion dans les commerces ; aussi les Marchands Drapiers esperent que la Iustice leur sera renduë, que les emplois des Six Corps des Marchands seront reglez, que les Marchands Drapiers auront seuls le pouuoir de vendre des Draps, Serges, & toutes autres Etoffes faites de laine, ou de poil, ou meslées de laine, ou poil, auec soye, fleuret ou fil, tant en France, qu'és Pais Etrangers, & que lesdites Serges d'Arras, d'Angleterre, d'Hollande & d'ailleurs seront rayez des Statuts des Marchands Merciers ; il est vray que comme le temps est le pere de la guerison, de la corruption, il suggere aussi tous les iours de nouueaux moyens à ceux qui ne sont pas contens de leur condition, pour entreprendre sur celle des autres ; & c'est ce qui est dit par la bouche de la verité, que chaque iour a sa malice.

XXXI.

En l'année 1570. les Marchands Merciers, qui iusques à lors n'auoient iamais fait aucun trafic des Serges manufacturées en France, firent glisser le mot de Serges dans l'énonciation de leurs Lettres, sans aucune difference, ny distinction des autres Marchandises, croyant les faire passer furtiuement, les mettant à la presse, & c'est le premier projet de leur usurpation, qui ne peut leur seruir de Titre, d'autant que ce Droit étably sur des Lettres de confirmation, est relatif à la chose confirmée, & ne peut auoir plus d'extention que le Titre primordial, s'il n'en est fait vne expresse mention en des termes specifiques, non seulement dans la narritiue mais encore dans le dispositif des Lettres, non ex confirmente, sed ex confirmato.

mesmes y ont reconnuë ; apres quoy, il est étrange de les entendre parler de la sorte qu'ils font, d'autant plus mesmes qu'ils sont forcez par la verité de demeurer d'accord que les Serges d'Arras, d'Angleterre, d'Hollande, & d'ailleurs appartiennent à la Mercerie ; mais neantmoins comme s'ils estoient les Maîtres & les Dispensateurs absolus de toutes les Regles & de la discipline du Commerce, ils veulent faire des Loix nouuelles, faire le partage au Corps de la Mercerie, expliquer & restraindre les Statuts des autres, à leur discretion, ne se souuenans pas des Arrests rendus entre eux, qui ont condamné de pareilles entreprises en declarant Merceries toutes les Serges & autres Etoffes fabriquées de laine seiche, de fil, de cotton, de fleuret, de soye & de laine, ensemble de crin & de poil, comme si les choses deuoient changer de nature, selon leur caprice, & que ce qui a esté iugé par tant d'Arrests, & par la possession de tant de siecles, pures marchandises de Mercerie ; estoient cessées de l'estre, & deuinssent aujourd'huy marchandises de Draperie, par ce qu'il le plaist aux demandeurs, & qu'ils se sont imaginez qu'ils reüssiroient à leur pretention erronnée.

XXXII.

Comme auparauant l'année 1570. les defendeurs iouïssoient paisiblement de la liberté de vendre de toutes sortes de marchandises, sous le nom de Merceries Grosseries, sous lequel elles sont comprises, par ce que qui dit tout n'excepte rien, & que les peres des demandeurs moins enuieux que leurs enfans, se contentoiét d'exercer leur métier de Drappier Chaussetier, sans auoir la pensée de l'étendre plus auant, non pas mesmes par leurs Statuts de 1573. iugeant bien que les Merciers s'y fussent opposez, les Autheurs des defendeurs n'auoient pas iusques à lors estimé necessaire de particulariser les marchandises qui dependent de ce grand Corps ; mais craignant que la jalousie ou la vanité des Drappiers, qui commençoit desja de paroistre, & qui estoit capable de tout entreprendre, n'augmentast ; ils expliquerent au Public ce que signifioient ces mots de Mercier, Grossier Iouaillier : & à cét effet, énoncerent vne partie en détail des marchandifes y dénommées, qui font toutes comprifes fous vn mefme Eftat, par les Lettres Patentes en forme de Chartes, du 9. Octobre 1570. en fuite d'autres precedentes du mois de Feurier 1567. qui furent verifiées au Parlement, regiftrées au Chaftelet, & publiées à fon de trompe en tous les Carrefours & Places accouftumées de Paris, à ce que perfonne n'en pretendift caufe d'ignorance, fans que les Drappiers ny les autres Corps de ladite Ville, ofaffent y former oppofition, tant ils eftoient tous perfuadez du droit des defendeurs, & aufquels ils eftoient confirmez par les Rois qui ont efté depuis.

XXXIII.

Ils ont adjoufté dans le preambule d'autres Lettres de l'an 1601. qu'ils auoient droit de vendre toutes fortes de Serges, & comme les vfurpations font graduelles, & ne fe font que par fucceffion de temps, il eft vray encore que par de troifième Lettres de l'an 1613. ils ont fait couler dans le difpofitif qu'ils auoiēt droict de vendre en gros & en détail des Serges de Florence, Razes & Eftamines de Milan, Serges de Seigneur, de Leyde, de Chartres, d'Orleans, d'Afcot, & de toutes fortes Pays & façons, Doubleure, Frize, Revêche, Draps de Borde, d'Efpagne, d'Angleterre, & autres Pays Eftrangers.

XXXIII.

C'eft à tart que les demandeurs fe plaignent de Statuts qui ont efté verifiez & publiez fans oppofition de leur part, depuis vn fiecle, & qui plus eft executez à leur veu & à leur fceu, fans qu'ils ayent iamais pretendu que ces marchandifes y inferées, ne fuffent point de la Mercerie.

XXXIV.

Toutes ces Lettres font relatiues aux premieres, qui n'en font aucune mention, & elles confirment vn droit qui n'a iamais efté donné, ce qui le rend caduc, infructueux & inutil, fans qu'il puiffe feruir qu'à marquer la fuite d'vne vfurpation, & dont l'on ne peut iamais induire aucune poffeffion legitime.

XXXIV.

C'eftoit en ce temps-là qu'il falloit fe plaindre, s'ils eftimoient qu'il y eût lieu de le faire; mais leurs peres qui eftoient affeurement auffi fages qu'eux, ne l'ont iamais fait, par ce qu'ils fçauoient que ces Statuts ne contenoient rien qui ne fuft dans l'ordre & dans la juftice; de forte que les demandeurs venans apres plus d'vn fiecle, dire qu'ils font plus intelligens & plus capables que ceux qui les ont precedez, & que tant d'Arrefts qui ont iugé ces marchandifes eftre de la Mercerie ne l'entendoient pas; c'eft vn procedé auffi temeraire qu'il eft ambitieux.

XXXV.

Auffi les Lettres Patentes ne font accordées par le Prince, qu'à cette condition qu'elles ne pourront prejudicier au droit d'autruy, cette claufe perpetuo clamat en faueur des Marchands Drapiers, fans aucune interruption, puis qu'elle eft contenue dans les Titres & qui ne peut déroger au droit d'vn tiers, fur tout dans cette rencontre, où l'on voit

XXXV.

Les Lettres Patentes dont il eft parlé dans cét Article, ont efté accordées en tres-grande connoiffance de caufe, puifque c'eftoit de l'authorité du Confeil, apres l'aduis des notables, confirmé par le Preuoft de Paris, & les Confeillers de fon Siege, iufques-là que le Roy Charles VI. connoiffant bien que le Corps de la Mercerie en pouuoit mefme meriter plus qu'il ne luy en donnoit, il fe referue d'augmenter

leurs

qu'il estoit acquis deux cens ans auparauant par les Marchands Drappiers, en tout cas il faudroit qu'il en fut fait vne expresse mention, par ce que quelque generale que soit vne clause derogatoire, elle ne touche point ceux qui nota speciali indigent, dit le Iurisconsulte, s'ils ne sont nommement exprimez.

leurs droits & priuileges, en ces termes, *sauf à les augmenter cy-apres, toutes & quantefois, que par deliberation du Conseil, il se trouueroit expedient ou necessaire pour le bien de la marchandise de Mercerie;* ce qui fait vne preuue éuidente du dessein que les Roys ont toûjours eu de luy donner vne liberté entiere, de vendre toutes sortes de marchandises, aussi les Drappiers en estans les premiers persuadez, ont-ils laissé iouïr paisiblement les Merciers pendant plusieurs siecles sans se plaindre ; ce qu'ils n'auroient pas souffert, s'ils auoient trouué la moindre apparence de l'empescher, sous couleur de la clause de l'autruy en toutes, laquelle il est absurde (sauf correction) de vouloir appliquer en cette occasion, puisque par les Statuts mesmes des demandeurs il paroist qu'ils n'ont iamais eu droit de vendre les marchandises dont il s'agit.

XXXVI.

Et il n'y a rien qui soit plus conforme à la raison naturelle, que les choses ne puissent estre détruites & abrogées par les mesmes formes & moyens, par lesquels elles ont esté établies, nil tam naturale est, *dit Vlpian,* quàm eo genere quidque colligatum est.

XXXVI.

Le Latin que l'on cite en cét endroit, y a si peu d'application, qu'il ne merite point de reponse; mais les defendeurs voyans que les demandeurs reuiennent contre vne possession de tant de siecles, & contre l'authorité de tant d'Arrests qui les ont condamnez, pourroient bien plus iustement leur appliquer ces termes du grand Symache, *aperta est eorum improbitas qui res tot iudiciis terminatas ad quæstiones reducunt.*

XXXVII.

Si vray que quand nos Roys ont contracté auec leurs Suiets vne obligation particuliere, ils n'vsent iamais du pouuoir que leur dignité Royale leur donne sur eux, pour en changer la disposition, par ce que leurs volontez, quoy qu'absolues sont independantes, lors qu'elles agissent proprio motu, *& se r'enferme dans l'execution de la conuention reciproque & sinalagmatique de celuy ou de ceux auec lesquels ils se sont abaissez de contracter.*

XXXVII.

Ce raisonnement conuient si peu à la matiere, qu'on n'estime pas mesme y deuoir répondre pour ne pas abuser du temps de Nosseigneurs les Commissaires.

XXXVIII.

Pourquoy donc & par quelle iurisprudence nouuelle les Marchands Merciers pretendront-ils que des Lettres qui ne sont point conformes à leurs Statuts, seront neantmoins considerées, comme si c'estoit des Loix qui deussent abroger pour eux tout ce qui a esté fait par le passé en faueur des Marchands Drapiers & Chaussetiers, contre l'intention de leurs Majestez, qui n'a iamais esté ny pû estre & faire preiudice à ceux qui ont des Titres contraires, beaucoup plus anciens & bien plus legitimes ?

XXXVIII.

Les Drappiers se condamnent eux-mesmes par ce discours, puis qu'ils blâment ce qu'ils font, en l'imputant contre verité aux Marchands Merciers.

F

XXXIX.

Il estoit necessaire de faire vn nouueau Reglement pour le trafic de la Mercerie, il eust esté au moins preable de prendre l'aduis du Lieutenant Ciuil, & des autres Officiers de Police ; les Corps des Marchands qui y sont interessez, deuoient estre appellez & oüis, & ce seul deffaut peut estre consideré pour vn moyen indubitable d'obreption & de subreption desdites Lettres, & de nullité de tout ce qui pourroit s'en estre ensuiuy, dont les Marchands Drapiers ont fait en diuers temps plusieurs plaintes, tant en general qu'en particulier, au suiet dequoy ils sont à present en de grands procez au Parlement de Paris, dans la poursuite desquels ils n'ont pû obtenir que des Arrests interlocutoires sur des instances generalles, ausquelles sont iointes les procez des particuliers, dont ils ne peuuent voir la fin, lors que toutes choses sont dans vne confusion qui est la ruine totale de leur commerce.

XXXIX.

Comme ils sont rafinez en matiere de procez, & dans l'art de soûtenir les plus méchans, ils voudroient bien que toute chose se mesurast à l'aulne de leur oppinion, & que le Conseil les crût sans voir ; mais il faut que leur artifice le cede à la verité, connuë des yeux de la Iustice, estans mal-informez de la maniere que lesdits Statuts des Merciers furent accordez originairement, & particulierement ceux de 1407. par lesquels il se voit que ce ne fut qu'aprés l'aduis du Preuost de Paris, & des Conseillers du Roy de son Siege ; mais il leur faut pardonner, ils n'y estoient pas, & d'ailleurs ce n'est pas vne chose extraordinaire que de ne raisonner pas iuste dans les affaires d'autruy, principalement quand on n'est pas instruit.

Il est bon qu'ils sçachent que les graces du Prince qui se consomment en vn seul & vnique effet de liberalité, peuuent estre departies à qui il luy plaist, & mesmes par vn seul moment de bien-veillance ; mais celles qui ont de la suite pour leur execution perpetuelle, comme sont les Statuts des defendeurs, qui sont d'vne tres-grande & extraordinaire importance, il faut qu'elles procedent d'vne meure deliberation, que la bonté du Souuerain consulte plus particulierement sa prudence, & qu'elles soient proportionnées au seruice de l'Estat, & au merite de ceux qui les reçoiuent, qui furent les reflections faites par le Roy Charles VI. lors qu'il accorda la confirmation desdits Statuts.

XL.

Et si durant cette contestation qui n'a point encore esté reglée auec les Marchands Merciers, & qui ne le sera iamais, si sa Majesté n'a la bonté d'euoquer à son Conseil de Commerce tous lesdits procez & differents, les Marchands Merciers ont surpris des Lettres dans lesquelles ils ont compris toutes les Marchandises de Draperie, qui font le suiet de leur contestation presente ; c'est vne circonstance qui en établit la nullité & la necessité qu'il y a d'en faire ordonner le rapport au mesme Conseil, qui en est le seul Iuge, par ce qu'il n'y a que sa Maiesté qui puisse expliquer son intention sur ce suiet.

XL.

Les raisons pour lesquelles il n'y a point lieu d'éuocation, ne seront point repetées en cét endroit, par ce qu'elles ont esté rapportées ailleurs, & que mesme la difficulté que font renaistre les Drappiers, se trouue terminée par beaucoup d'Arrests contradictoires rendus au Parlement, où les Statuts des vns & des autres ayant esté verifiez sur l'adresse qu'il a plû au Roy de luy en faire, les demandeurs ne tâchent aujourd'huy de l'euiter, que par ce qu'ils apprehendent de faire reuoir tant de fois vne mesme chicanne.

XLI.

Cependant il importe de surceoir l'execution de tous les Arrests rendus, &

XLI.

L'Arrest du 30. Iuin 1640. a tellement prejugé la mauuaise contestation des Drappiers, *particulierement celuy du Parlement, du 30. Iuin 1640. qui permet aux Marchands Merciers, par prouision, & sans preiudice aux droits des parties au principal, de vendre & debiter des Reuêches & Ratines, tant en gros qu'en détail, confusement & sans distinction de vendre lesdites Reuêches & Ratines ny autres Marchandises de Draperie, comme il est iustifié par les anciens Statuts desdits Marchands Merciers, de l'année 1407.*

qu'il a donné la permission aux defendeurs, pour vendre les Etoffes qu'ils s'oppiniastrent encore aujourd'huy de leur contester, & bien loin qu'il y ait lieu d'en surceoir l'execution, ainsi qu'ils veulent insinuer, toutes les regles veulent qu'il passe en Arrest diffinitif, puisque depuis vingt-neuf ans & plus, lesdits Drappiers n'ont osé faire iuger la diffinitiue, ny empescher que les Marchands Merciers ne vendissent toutes les choses qui leur sont permises par cét Arrest, lequel d'ailleurs ne faisant autre chose que prononcer l'execution des Statuts qui ont esté verifiez, doit estre necessairement executé comme vn pur Arrest de Police, qui ne doit point souffrir de retard dans son execution.

Les defendeurs adjoustent que par la discontinuation de procedures pendant vingt-neuf années, de la part desdits Drappiers, la peremption est toute sensible & ne peut estre contestée.

XLII.

Le seul pretexte dont ils se sont serus iusques à present, & duquel ils n'oubliront pas de prendre aduantage, est que dans leurs premiers Statuts en ladite année 1407. il est fait mention en l'Article quatriéme, du droit qu'ils ont de vendre des Draps de Borde; mais c'est tout au contraire, ce qui doit seruir à leur condamnation, si l'on considere la veritable & naturelle qualité des Draps de Borde, par ce que dans tous les 32. Articles de leurs Statuts, qui contiennent toutes les Marchandises de Mercerie, il n'est fait aucune mention des Draps manufacturées en France, ny des Pays étrangers, il n'y a que ledit Article où il est parlé des Draps de Borde, double & sangles, conjointement auec les Boucasins, Futaines & Bougrands, pour estre vendus sous corde & en balles, ainsi qu'elles viendront des Pays; & l'on sçait certainement que ces Draps de Borde sont dits sangles doubles, & qu'ils sont fabriquez de chanures & filasses, & non point de laines, comme il est iustifié par le Certificat de plusieurs Marchands de la Ville de Carcassonne, qui ont tous attesté en presence de leurs Iuges, qu'il ne s'est iamais fait aucune Manufacture de Draps de laine dans le lieu de Borde, qui est vn fort petit & miserable Village, mais seulement de chanure & de filasse, qu'on appelle aussi double sangle, qui seruent à soupendre des cheuaux & mulets, lors qu'ils sont dans les vaisseaux; & c'est sur ce seul mot de Draps de Borde, doubles & simples, que les Marchands Merciers fondent leur vsurpation, de vendre des Draps de laine faits aux Pays étrangers, par des interpretations extrauagantes qui ne peuuent passer que pour des extentions de droit contraires à la Loy & l'vsage, & à la raison.

XLII. & XLIII.

Les Drappiers deuroient auoir quelque pudeur de rebatre toûjours vn point qui a esté iugé contr'eux par tant d'Arrests contradictoires sur les mesmes moyens qu'ils alleguent; car enfin en toutes occasions ils ont allegué ce qu'ils disent aujourd'huy des Draps de Borde; & neantmoins les defendeurs ayans fait voir que c'estoit vne pure cauillation, le Parlement a iugé par tous les Arrests cottez sous l'Article 11. que les Draps, Serges, Camelots, & autres Etoffes de laine & de poil, specifiées dans les Statuts des defendeurs, estoient pure Mercerie.

XLIII.

Car si sous le nom de Draps de Borde, l'on eust entendu les Marchandises qui appartiennent à la Draperie; Sçauoir les Draps, Ratines, Reuêches, Serges, Sergettes, & autres, qui estoient lors manufacturées en France, & dans les Pays étrangers; les

Marchands Merciers de ce temps-là n'eussent pas oublié d'en faire faire vne particuliere expression & dénomination dans leurs Statuts ; mais ils estoient de meilleure foy que leurs successeurs, & estoient plainement persuadez qu'ils ne pouuoient auec iustice faire le mesme trafic d'vn autre Corps different du leur, qui dés ce temps-là s'y fust opposé, comme ils ont fait depuis & font encores à present.

XLIV.

Et cette opposition sur laquelle ils esperent que le Conseil leur fera droit, est d'autant mieux fondée qu'elle a pour garand les Ordonnances compilées sous le Titre de la Draperie & Police generale inserée dans Fontanon, les Statuts de leur Corps & les Lettres Patentes qui les ont confirmées depuis prés de cinq cens ans, sans aucune interruption, changement ny innouation, par toutes lesquelles ils ont seuls droit de faire venir & vendre en gros & en détail en la Ville, Faux-bourgs, Preuosté & Vicomté de Paris, toutes les Marchandises de Draperies, & generallement manufacturées en France & és Pays étrangers, sous quelque nom & façon qu'elles puissent estre.

XLIV.

Leur opposition est si friuole & si temeraire, qu'ils n'osent la poursuiure deuant leurs Iuges naturels, qui ont rendu l'Arrest ; & comme ils sçauent que leur condamnation y est aussi asseurée que la prouisoire, ils inuentent des supositions & des calomnies tres-blamables pour s'en soustraire contre la regle de toutes les Ordonnances, aussi bien que contre l'honneur & la bien-sceance qui est & doit estre inseparable du procedé des Marchands.

XLV.

En vn mot l'Edit de Charles IX. en 1571. a affecté la vente & la visite desdites Marchandises de Draperie au seul Corps des Marchands Drapiers, comme estant celuy qui de tout temps a eu vne plus parfaite connoissance de cette Manufacture, de la bonté des aprests & des Teintures.

XLV.

On n'a iamais contesté aux demandeurs qu'ils ne pussent vendre les Draps de leur façon, & visiter aux Halles les Drapiers de leurs Corps; mais on soûtient qu'ils ne doiuent point passer ces bornes qui leur sont prescriptes par leurs anciens Statuts, ny disputer aux defendeurs le droit de vendre en general toutes sortes de Marchandises, puis qu'il leur est acquis par des Statuts si anciens, & soûtenus d'vne possession de plusieurs siecles si authentique & si solemnelle, qu'ils n'y peuuent resister qu'en violant toutes les Regles de la Iustice & du Commerce ensemble ; & quoy qu'ils se vantent, ils ont si peu de connoissance de leur mêtier, qu'ils sont obligez par leur propre adueu d'appeller en leurs visites des gens à leur secours, qui suppleent à leur ignorance, comme il se voit en l'Article 20. de leur Memoire.

XLVI.

Il est donc bien iuste qu'apres tant de Titres & vne si longue possession des Marchands Drapiers, ils en fassent vn exercice public, priuatiuement à tous autres; car encore qu'ils soient instituez dans vne égalité de condition, ils ont neantmoins vne difference qui est reglée par leurs anciens Statuts, qui ne peut souffrir aucun changement ny alteration par des abus & des nouueautez, qu'il faut tout au contraire reprimer

XLVI.

C'est tout ce que les defendeurs demandent, que chacun soit restraint dans les bornes & les limites qui luy ont esté prescriptes par les Statuts, l'vsage & les Arrests ; mais ils ne consentent pas que la Iustice soit mesurée pour vser du langage des Drappiers, selon la regle qu'ils ont entre les mains ; car ce n'est point à l'aulne qu'elle se doit distribuer ; mais au poids du sanctuaire, qui a esté la volonté de nos Roys, religieusement executée par le Parlement, suiuant tous les

Arrests

dans les bords de la balance, & auec la mesme regle qu'ils ont entre leurs mains, qui sont le semblable de la Iustice distributaire.

XLVII.

Par mesme moyen l'on doit aussi empescher que les Maistres Fripiers Tapissiers, Tailleurs & autres, n'abusent plus long-temps du negoce des Marchands Drapiers; car encore qu'ils n'ayent aucun droit, Titre, ny possession pour vendre la Marchandise de Draperie en gros ou en détail, à l'exception toutesfois desdits Maistres Fripiers, qui peuuent auoir & vendre en leurs maisons des morceaux desdites Marchandises de Draperie, iusques à la longueur de trois aunes, ils ne laissent pas de l'entreprendre tous les iours, & de tenir & d'exposer en vente en leurs maisons des Marchandises de Draperie, au grand preiudice du public, par ce que la plus grande partie des Marchandises qu'ils ont, peuuent estre de faux teint, d'autant qu'ils les acheptent secretement des Marchands Forains toutes apprestées.

XLVIII.

Ces abus pourroient estre empeschez, si les Maistres & Gardes de la Draperie & Chaussesterie auoient la liberté de faire leur visite chez les Maistres Fripiers, sans y appeller vn Iuré Fripier, comme ils font dans les Foires sur les Marchands Forains, les vns & les autres se contiendroient dans leur deuoir, toutes les Marchandises seroient bonnes & loyales, & le public en receuroit de tres-grands aduantages.

XLIX.

C'est encore vn autre abus tres-considerable, que sous pretexte de quelques Arrests obtenus par surprise par les Marchands Forains de plusieurs Villes, & autres lieux, se retirent dans les Hostelleries de cette Ville de Paris, où ils vendent impunement toutes sortes de Serges de Draperie, particulierement des Serges d'Aumalle, de Moüy & autres, qui ont perdu depuis quelque temps plus d'vn tiers de leur largeur, & sont quelquesfois de mauuais teint, au lieu qu'elles deuroient estre portées dans la Halle aux Draps, pour y estre visitées par les Maistres & Gardes de la Draperie, auant que d'estre exposez en vente.

L.

Enfin les Maistres & Gardes du Corps des Marchands Drapiers & Chaussetiers de cette Ville de Paris, supplient tres-humblement Nosseigneurs du Conseil du Roy, de considerer que le mot de Drap duquel les Marchands Drapiers ont pris leur nom, signifie toutes sortes d'Etoffes & de Marchandises faites de laine, de poil, & en est le genre comprenant les

Arrests, par lesquels il a esté reglé ce qui estoit de la Mercerie, & ce qui n'en estoit pas.

XLVII. XLVIII. & XLIX.

Ce sont plaintes que les demandeurs forment contre les Frippiers & Tapissiers, qu'ils accusent de faire des entreprises sur leur Corps: mais on ne sçait à quel sujet ils veulent mesler ce fait particulier, auec la contestation qui se presente, puis qu'il n'y a nul rapport, & que les defendeurs n'empeschent pas qu'ils ne fassent faire tel Reglement qu'ils voudront contre les Frippiers & Tapissiers, pourueu que ce soit sans preiudice du droit & de la liberté que les defendeurs ont de vendre de toutes sortes de Marchandises, aux termes de leurs Statuts & des Arrests.

L. & LI.

La difference qui est entre la Drapperie & la Mercerie, a esté si nettement expliqué par les Arrests; & est d'ailleurs si clairement établie par l'vsage, qu'il faudroit autant manquer de lumiere, que les demandeurs manquent de iustice & de raison pour ne la pas connoistre. Au reste on peut dire que les conclusions qu'ils ont étenduës sur la fin de leur écrit, sont si étranges, pour ne pas dire si ex-

G

especes qui sont Sergettes, Croisez, Cameiots, Baracans, Ratines, Revéches, & qu'ainsi l'on appelle Marchand Drapier simplement, le Marchand qui a le pouuoir legitime de vendre lesdites Marchandises de Draperie, faites de laine ou poil, comme l'on appelle Marchand de Draps de soye, celuy qui a le droit de vendre du Satin, du Velours, du Damas, de la Panne, du Tabis, du Taffetas, des Serges de soye, & les autres Etoffes faites de soyes, & pareillement que par le mot de laine, on entend ordinairement toison de beste à tondre, & que le mot latin lana comprend la laine & le poil des bestes, latina vox lana complectitur, in belluis & lauant & pilant, est enim lana & ouina & caprina & hircina ex plinio : & par consequent que la vente de toutes les Marchandises de Draperies faites de laine ou de poil, doit appartenir aux Marchands Drapiers & Chaussetiers de Paris; mais pour luy faire voir qu'il n'y a rien de plus iuste, ils luy remontrent qu'il y a vnze sortes de fils, qui se filent tant en grands & petits roüets, qu'aux fuzeaux, lesquels entrent en la composition de toutes sortes de Marchandises; sçauoir le fil d'or fin & le fil d'argent, dont les Draps d'or d'argent, Moires, Brocards, Cordons, Passements, Broderie, Boutons, Gallons, Dantelles, Franges, Rubans, Molets, Crespines, Bouquests, & autres Marchandises sont faites.

Le fil d'or faux & le fil d'argent faux, qui seruent de semblables Marchandises que ledit fil d'or & d'argent fin.

Le fil de soye qui est employé aux Draps de soye, Satin, Velours, Panne, Damas, Moires, Tabis, Taffetas, Serges & soye, & autres, aux Rubans, Iartieres, Cordons de chapeaux, Boutons, Passements, Broderies, Dantelles, Franges, Molets, Crespine, Bouquets, & vne grande quantité pour coudre tous les habits, & autres choses.

Le fil de fleuret qui est pour fabriquer des Poudesoye, Fullatrices, des Rubans & autres choses.

Le fil de cotton pour les Futaines, Bazins, Boucasins & Toille boucasine.

Le fil de lin pour les Toilles d'Hollande, Baptiste, & autres fines Toilles, & pour les Dantelles de fil.

trauagants, qu'il suffit de les lire pour les condamner; Car enfin si on les croit, ils seront desormais Tapissiers, Chappelliers, Vendeurs de laine, & presque de tous Mestiers, quoy qu'ils ne soient que soixante dans leur Corps; ce que le Conseil est tres-humblement supplié d'obseruer, au lieu que le nombre des Marchands Merciers passe celuy de deux mil, dont il en faudroit supprimer plus des trois quarts si on leur retranchoit le commerce des étoffes que les Drappiers veullent vsurper sur eux, joint l'interest public; estant certain que le Corps de la Mercerie fait mil fois plus de debit de toutes ces étoffes de laine que le petit nombre desdits Drappiers, lesquels ne peuuent pas disconuenir de cette verité, puis qu'il est de notorieté publique que les Sieurs Soullet & Chanlatte, Marchands Merciers seuls vendent plus de serges façon de Londres, Draps façon d'Angleterre, d'Hollande, & d'Espagne que tout le Corps entier desdits Drappiers; ce qui fait voir la difference qu'il y a entre ces deux Corps; & que si ces sortes de marchandises n'estoient debitées que par les Drappiers, les Manufactures d'icelles qui ne sont que naissantes, trouueroient aussi tost leur abandonnement & leur ruine que leur establissement.

De sorte qu'il est sans doute que sur le pied de la pretention desDrappiers, le Corps de la Mercerie tomberoit dans vne inauition, & seicheroit faute de matiere & d'aliments dans le moment mesmes qu'il a plus besoin desdites forces pour soûtenir les grands desseins que le Roy a conceus en faueur du commerce; & au contraire celuy de la Drapperie seroit suffoqué & accablé par l'abondance, n'estant pas possible que soixante personnes suffisent à la vingtiesme partie de l'employ & du debit que les demandeurs pretendent & veulent arracher aux deffendeurs.

C'est pourquoy pour finir par où l'on a commencé, les demandeurs trouueront bon, s'il leur plaist, qu'on les prie de vouloir r'entrer en eux mesmes, & de considerer que leur desir repugne aussi bien à leur profession qu'à leur origine, que leur entreprise est vne playe au commerce, que leur conduite est vn deuoyement de la raison, que la supposition qu'ils ont faite d'vn dény de Iustice, est vne calomnie contre leurs Supperieurs, que la suppression qu'ils font de leurs anciens Statuts est vne fraude évidente, que leurs efforts sont vn attentat manifeste contre la Police & les regles

Le fil de chanvre pour toutes les moyennes *Toilles, Caneuas, Bougran & Draps de Borde, sangles & autres Etoffes faites de fil.*

Enfin le fil de laine & le fil de poil, seruant à faire des *Marchandises de toutes sortes de Draperie.*

du negoce, que leurs cauillations sont de pures illusions contre les Arrests, que leur contradiction est vne espece de démenty à la foy d'vne possession de trois siecles ; & qu'enfin ils veulent vsurper par leurs conclusions le patrimoine & la legitime d'vn Corps, qui sacrifice tous les iours ses biens, son repos, & sa vie pour le commerce, en s'exposant à tous les hazards des voyages de long cours, tandis que les demandeurs moissonnent à leur aise dans leurs Boutiques & sans aucun peril les fruits d'vn negoce domestique qu'ils font pour la pluspart sans se remuer de leurs places, & sans autre risque que celuy d'estre quelque fois vn peu mouillez sur le chemin de leur maison à la Halle aux Draps, ou dans les petites promenades qu'ils font d'ordinaire en bonne compagnie & par les meilleures routes de cette Ville de Paris, dans les Prouinces de Normandie & de Berry, autant & plus pour leur diuertissement, que pour le besoin & la necessité de leur negoce.

Ce sont toutes les raisons puissantes & qui ne reçoiuent point de réponce, qui font esperer aux deffendeurs, qu'estans si proches de leur liberateur ils seront maintenus dans leur liberté indefinie, dont ils iouïssent depuis tant de siecles ; & les Drappiers, Chauffetiers debouttez de leurs conclusions, auec despens.

LI.

Or il est aisé de iuger que le nombre des *Marchandises qui sont fabriquées auec les neuf premiers fils*, surpasse de beaucoup celuy des *Etoffes faites auec les deux derniers fils*, qui sont la laine & le poil ; & il est certain que les seuls Marchands Merciers vendent non seulement toutes les Marchandises qui prouiennent de la fabrique desdits premiers fils ; mais encore les neuf fils deuant que d'estre manufacturez ; sçauoir, l'or & l'argent fin, l'or & l'argent faux, la soye en botte, le fleuret, le coton & le chanvre ; comme aussi bien des Marchandises contenuës és 5. 6. 7. 8. 9. 10. 11. 12. & treiziéme Articles du Memoire des Marchandises, dont ils ont la vente sans contredit, par la quantité desquels l'on voit que le Corps se pourroit diuiser en six Corps pareils au Corps de la Draperie, & partant on ne fera point de tort aux Marchands Merciers, & ils n'auront aucun sujet de se plaindre quand le negoce des deux fils de laine & de poil, & des Marchandises qui en seront faites tant dedans que dehors le Royaume de France, sera conserué au seul Corps de la Draperie.

Ce sont les raisons pour lesquelles & autres que Nosseigneurs du Conseil suppléeront par leur prudence ordinaire, que les Drapiers & Chauffetiers de cette Ville de Paris esperent de leur Iustice l'éuocation de tous leurs procez & differents pendans & indecis au Parlement de Paris, afin qu'il soit fait au Conseil vn Reglement certain des marchandises qui seront par eux venduës, & qu'ils fassent droit sur le tout ; Il sera, s'il plaist au Conseil, ordonné que les Marchands Drapiers Chauffetiers de la Ville de Paris auront seuls le pouuoir d'achepter, faire venir, vendre en gros ou en détail, troquer, eschanger & faire apprester tant en la Ville, Faux-bourgs, Vicomté & Preuosté de Paris, que dans tous les autres lieux du Royaume de France, & par tout ailleurs, toutes les Marchandises de Draperie faites de laine ou de poil, ou autres choses, tant en France, qu'és Pays étrangers ; Sçauoir, Draps, Serges, Estains, Ratines, Frizes, Reuêches, Bayettes, Crezez, Camelots, Baracans, Droguets, Razes, Sergettes, Estamines, toutes sortes de Tapisseries de haute-lice, & autres Tapisseries & Moquettes faites à Rouen, & autres lieux, tant en France, qu'és Pays étrangers, toutes sortes de Tapis de Turquie, de Couuertures, & autres marchandises de Draperie & Manufacture de quelque qualité de laine, ou de poil que ce soit, ou meslées, sous quelque nom qu'elles puissent estre comprises, encores qu'elles ne soient cy-exprimées ; comme aussi toutes sortes de haut & bas de chausse & d'attaches faits desdites Etoffes & Marchandises de Draperie, & de Toilles, Treillis, Futaines, Chanvres, & autres sortes de Cuirs & d'Etoffes & de toilles & de Malles de Drap & de cuir, & des Besaces de toille double & sangles, & Coroyes de cuir.

Et pareillement toutes les laines, poils propres pour faire toutes lesdites Marchandises de Draperie, toutes laines & poils, filets, mesmes les laines & poils pour faire des Chapeaux, Couuertures, & autres choses.

Et que tres-expresses deffences seront faites aux Marchands Merciers, Grossiers, Iouailliers, & aux Maistres Fripiers de la Ville & Faux-bourgs de Paris, & à toutes autres personnes de quelque qualité & condition qu'elles soient, d'exposer en vente, debiter en gros ou en detail, troquer ny echanger en ladite Ville, Faux-bourgs, Preuosté & Vicomté de Paris, aucunes sortes desdites marchandises cy-dessus énoncées, dont la vente est attribuée aux seuls Marchands Drapiers & Chaussetiers de Paris, nonobstant tous Arrests au contraire, & que pour arrester le cours de leurs entreprises, pour l'vtilité publique, & empescher la vente qui pourroit estre faite par les Marchands Forains des marchandises de Draperie de mauuaise teinture, & aussi pour maintenir lesdites marchandises de Draperie, conforme aux longueurs & largeurs portez par les Statuts nouuellement faits & homologuez au Conseil Royal de Commerce; les Maistres & Gardes desdits Marchands Drapiers & Chaussetiers pourront faire visite quand ils iugeront necessaire, dans les maisons & Magazins desdits Maistres Fripiers & Tapissiers, sans estre obligez d'y appeller vn Iuré de leur Metier, & que suiuant l'Arrest rendu audit Conseil Royal de Commerce, sa Majesté y estant, le 13. Octobre 1667. ils seront conseruez dans la possession qu'ils ont de visiter dans les Foires S. Germain Desprez, du Landy de S. Denis, de S. Laurens, & autres dans l'estenduë de la Ville, Preuosté & Vicomté de Paris, toutes lesdites marchandises de Draperies qui y seront apportées par quelques Marchands que ce soit, lesquels seront tenus de souffrir ladite visite, nonobstant tous priuileges à ce contraires; & aussi que toutes lesdites marchandises de Draperie, tant de France qu'étrangeres, qui n'appartiendront point ausdits Marchands Drapiers & Chaussetiers de Paris, seront deschargées directement dans la Halle aux Draps, pour y estre venduës, apres auoir esté veuës & visitées par lesdits Maistres & Gardes de la Draperie, qu'en consequence Defenses seront faites à tous Hostelliers, & autres personnes, de retenir dans leurs maisons, & Hostelleries lesdites marchandises de Draperie, ny permettre qu'elles y soient exposées en vente, le tout sur peine de cinq cens liures d'amande; & qu'en cas de refus, de souffrir lesdites visites, ou de contrauention aux Reglemens cy dessus; il sera permis ausdits Maistres & Gardes des Marchands Drapiers Chaussetiers de Paris, d'en faire informer & faire saisir & enleuer lesdites marchandises.

www.ingramcontent.com/pod-product-compliance
Lightning Source LLC
Chambersburg PA
CBHW060905050426
42453CB00010B/1579